Educazione Finanziaria: Raggiungi l'Indipendenza Economica con le Rendite Passive

Guida Completa per generare seconde entrate extra e vivere senza preoccupazioni

Di Giorgio Rossi

SOMMARIO

INTRODUZIONE ALL'EDUCAZIONE FINANZIARIA E ALLE REDDITE PASSIVE

Definire l'educazione finanziaria e la sua importanza nella vita quotidiana

L'educazione finanziaria è un aspetto fondamentale della vita moderna, essenziale per navigare con successo le complessità del mondo economico e raggiungere una stabilità finanziaria duratura. Si tratta di un insieme di competenze e conoscenze che permettono agli individui di prendere decisioni informate riguardo al proprio denaro, agli investimenti e alla gestione delle risorse finanziarie. Nell'era odierna, dove le informazioni sono facilmente accessibili ma spesso travolgenti, comprendere i principi fondamentali della finanza personale non è solo utile, ma indispensabile.

L'importanza dell'educazione finanziaria risiede nel suo potere di trasformare vite. Chi possiede una buona educazione finanziaria è in grado di creare un budget efficace, risparmiare per il futuro, investire saggiamente e proteggere il proprio patrimonio. Queste competenze permettono di evitare trappole comuni come il sovraindebitamento, le spese eccessive e gli investimenti avventati. Inoltre, un'adeguata conoscenza finanziaria permette di pianificare per eventi futuri, siano essi prevedibili come la pensione, o imprevisti come emergenze sanitarie o perdita di lavoro.

Nella vita quotidiana, l'educazione finanziaria si manifesta in numerosi modi. Ad esempio, sapere come gestire un conto corrente, capire i tassi di interesse sui prestiti, e riconoscere l'importanza di un fondo di emergenza sono tutte competenze di base che derivano da una buona educazione finanziaria. Queste conoscenze permettono di evitare decisioni impulsive che possono avere conseguenze negative a lungo termine. Ad esempio, la capacità di valutare correttamente un mutuo può fare la differenza tra l'acquisto di una casa in modo sicuro e sostenibile e il rischio di perdere tutto in caso di difficoltà economiche.

L'educazione finanziaria è anche cruciale per comprendere e sfruttare al meglio le opportunità di generare rendite passive. A differenza delle entrate attive, che derivano dal lavoro diretto e richiedono uno scambio di tempo per denaro, le rendite passive sono guadagni che si ottengono senza un impegno continuo. Investimenti in azioni, obbligazioni, immobili, e altre attività possono generare flussi di reddito regolari che, se ben gestiti, possono portare all'indipendenza finanziaria. Questa indipendenza si traduce nella libertà di scegliere come impiegare il proprio tempo, senza essere vincolati dalla necessità di lavorare per soddisfare le esigenze quotidiane.

Comprendere le diverse fonti di rendite passive e come queste si integrano nel quadro generale della pianificazione finanziaria è un aspetto cruciale dell'educazione finanziaria. Questa conoscenza permette di diversificare le fonti di reddito e di ridurre il rischio complessivo. Ad esempio, investire in una combinazione di immobili, azioni e obbligazioni può offrire una protezione contro le fluttuazioni del mercato, garantendo una maggiore stabilità economica.

In definitiva, l'educazione finanziaria è un pilastro fondamentale per costruire una vita finanziariamente sicura e prospera. Essa fornisce gli strumenti necessari per prendere decisioni informate, evitare errori costosi, e sfruttare al meglio le opportunità di investimento. Nel contesto di un percorso verso l'indipendenza finanziaria, l'educazione finanziaria rappresenta il primo passo essenziale, preparando il terreno per comprendere appieno il concetto di rendite passive, come queste differiscono dalle entrate attive e come possono essere utilizzate per raggiungere i propri obiettivi finanziari.

Proseguendo, è fondamentale spiegare in dettaglio cosa si intende per rendite passive e come queste si distinguono dalle entrate attive. Comprendere questa differenza è cruciale per costruire una strategia efficace che consenta di generare flussi di reddito stabili e prevedibili, riducendo la dipendenza dal lavoro tradizionale e aprendo la strada verso l'indipendenza finanziaria. Con una solida base di educazione finanziaria, diventa possibile esplorare e implementare diverse strategie per generare rendite passive, scegliendo gli investimenti giusti e costruendo un flusso di rendite che possa sostenere uno stile di vita senza preoccupazioni economiche.

Spiegare il concetto di rendite passive e differenziarle dalle entrate attive

Il concetto di rendite passive rappresenta una componente fondamentale per chiunque aspiri a raggiungere l'indipendenza finanziaria e vivere senza preoccupazioni economiche. Le rendite passive sono flussi di reddito che continuano a generarsi regolarmente senza la necessità di un lavoro attivo o di un impegno costante da parte dell'individuo. Questo tipo di reddito si contrappone alle entrate attive, che invece richiedono uno scambio diretto di tempo e sforzo per denaro, come ad esempio il salario di un lavoro a tempo pieno o i guadagni di un libero professionista.

Per comprendere appieno il concetto di rendite passive, è essenziale esplorare le diverse forme che possono assumere. Tra le più comuni ci sono gli investimenti in azioni e obbligazioni, dove i dividendi e gli interessi generano reddito regolare. Altre fonti includono gli investimenti immobiliari, come l'affitto di proprietà residenziali o commerciali, che offrono flussi di cassa costanti. Inoltre, anche la creazione di contenuti digitali, come ebook o corsi online, può diventare una fonte di rendite passive una volta che questi prodotti sono stati creati e messi in vendita.

La principale differenza tra le rendite passive e le entrate attive risiede nel livello di coinvolgimento richiesto. Le entrate attive, come lo stipendio mensile, dipendono dal lavoro diretto e cessano nel momento in cui l'individuo smette di lavorare. Questo implica una continua necessità di impiegare tempo e sforzi per guadagnare denaro. Al contrario, le rendite passive, una volta stabilite, continuano a generare reddito con un minimo sforzo di manutenzione. Ad esempio, dopo aver acquistato un immobile e averlo affittato, i flussi di reddito provenienti dall'affitto richiedono solo una gestione periodica, che può essere delegata a un'agenzia immobiliare.

È importante sottolineare che la costruzione di rendite passive richiede un investimento iniziale di tempo, denaro o entrambi. Non si tratta di un processo immediato, ma di una strategia a lungo termine che, se ben implementata, può portare a una significativa stabilità finanziaria. Una volta che le rendite passive sono state generate, offrono numerosi vantaggi. Permettono di ridurre la dipendenza da un singolo reddito da lavoro, offrendo una maggiore sicurezza finanziaria in caso di imprevisti, come la perdita del lavoro o le emergenze sanitarie. Inoltre, consentono di avere più tempo libero, poiché il reddito non è legato direttamente al tempo lavorato.

Le rendite passive giocano un ruolo cruciale nel raggiungimento della libertà finanziaria. Questa libertà si ottiene quando i flussi di reddito passivo sono sufficienti a coprire le spese quotidiane, permettendo all'individuo di scegliere se e quanto lavorare. La differenza sostanziale tra rendite passive e entrate attive diventa quindi evidente nel concetto di tempo: le rendite passive liberano il tempo, mentre le entrate attive lo consumano.

Proseguendo nella comprensione delle rendite passive, è fondamentale evidenziare i benefici che esse apportano per raggiungere la stabilità finanziaria e la libertà. Questi benefici includono la diversificazione delle fonti di reddito, la possibilità di godere di una maggiore sicurezza economica e l'opportunità di perseguire passioni e interessi senza la pressione finanziaria. La costruzione di un solido portafoglio di rendite passive può trasformare radicalmente la qualità della vita, riducendo lo stress legato alle finanze e aprendo nuove prospettive per il futuro.

Evidenziare i benefici di generare rendite passive per raggiungere la stabilità finanziaria e la libertà

Generare rendite passive offre numerosi benefici che vanno oltre la semplice aggiunta di un flusso di reddito extra. Questi benefici sono fondamentali per raggiungere la stabilità finanziaria e la libertà economica, trasformando la qualità della vita in modi profondi e duraturi. Comprendere e sfruttare questi vantaggi può fare la differenza tra vivere con costante preoccupazione per le finanze e godere di una vita piena e appagante.

Uno dei principali benefici delle rendite passive è la diversificazione delle fonti di reddito. Affidarsi esclusivamente a un'unica fonte di reddito, come il salario di un lavoro, può essere rischioso. Un'improvvisa perdita del lavoro, una malattia o altre circostanze impreviste possono mettere a repentaglio la stabilità finanziaria. Le rendite passive, invece, offrono un'ancora di salvezza, poiché continuano a generare reddito indipendentemente dalla situazione lavorativa. Questo aiuta a creare un cuscinetto finanziario che può coprire le spese essenziali in periodi di crisi, riducendo lo stress e l'ansia associati alle incertezze economiche.

Un altro vantaggio significativo delle rendite passive è la possibilità di aumentare il risparmio e gli investimenti. Poiché le rendite passive forniscono un flusso di reddito aggiuntivo, permettono di risparmiare di più e di investire in ulteriori opportunità finanziarie. Questo ciclo virtuoso può accelerare il processo di accumulazione di ricchezza, consentendo di raggiungere i propri obiettivi finanziari più rapidamente. Con una gestione oculata, le rendite passive possono essere reinvestite per generare ulteriori flussi di reddito, creando un effetto a catena che rafforza continuamente la propria posizione finanziaria.

Le rendite passive contribuiscono anche a migliorare la qualità della vita offrendo una maggiore libertà e flessibilità. Con un flusso di reddito passivo costante, diventa possibile ridurre le ore di lavoro o persino scegliere di lavorare solo su progetti che appassionano. Questo tempo liberato può essere dedicato a famiglia, hobby, viaggi o altre attività che arricchiscono la vita. La libertà di non dover dipendere da un lavoro tradizionale per mantenere uno standard di vita accettabile è uno dei principali attrattori delle rendite passive, permettendo a chi ne beneficia di vivere una vita più equilibrata e soddisfacente.

Inoltre, le rendite passive offrono una protezione contro l'inflazione. Poiché molti investimenti che generano redditi passivi, come immobili o azioni, tendono ad apprezzarsi nel tempo, il reddito derivante da questi può aumentare in linea con o addirittura superare l'inflazione. Questo aiuta a mantenere il potere d'acquisto e a proteggere il patrimonio a lungo termine, garantendo che le entrate passive non solo coprano le spese correnti, ma continuino a fornire un margine di sicurezza finanziaria anche in futuro.

Infine, le rendite passive possono favorire la realizzazione di progetti personali e imprenditoriali. Con una base finanziaria solida e flussi di reddito stabili, diventa più facile prendere rischi calcolati, come avviare una nuova attività, investire in formazione personale o esplorare nuove opportunità di business. Questo apre la porta a una crescita personale e professionale che altrimenti potrebbe essere limitata dalle preoccupazioni finanziarie.

Presentare scenari realistici di come le rendite passive possono migliorare la vita delle persone

Immaginare scenari realistici di come le rendite passive possono migliorare la vita delle persone offre una visione tangibile dei benefici concreti che queste possono apportare. Prendiamo il caso di Marco, un impiegato di 35 anni, che ha deciso di iniziare a investire in immobili per generare rendite passive. Dopo aver acquistato due piccoli appartamenti da affittare, Marco ha iniziato a ricevere un flusso di reddito mensile costante dagli affitti. Questo reddito extra gli ha permesso di risparmiare di più, di estinguere anticipatamente i suoi debiti e di mettere da parte un fondo di emergenza sostanzioso. Nel corso del tempo, con la rivalutazione degli immobili, Marco ha visto crescere il suo patrimonio netto, offrendo una maggiore sicurezza finanziaria per il futuro della sua famiglia. Questa stabilità finanziaria ha ridotto il suo stress quotidiano e gli ha dato la tranquillità mentale necessaria per godersi di più la vita.

Consideriamo poi Anna, una madre single con due figli, che ha deciso di creare un blog e un canale YouTube sui suoi hobby e passioni. Dopo alcuni anni di impegno nel creare contenuti di valore, Anna ha iniziato a monetizzare il suo blog e il suo canale tramite pubblicità, affiliazioni e vendite di prodotti digitali. Le entrate passive generate da queste attività hanno superato il suo reddito da lavoro principale, permettendole di ridurre le ore di lavoro e di passare più tempo con i suoi figli. Grazie alle rendite passive, Anna ha potuto finanziare l'educazione dei suoi figli senza fare debiti, migliorare il suo stile di vita e persino mettere da parte dei risparmi per il futuro. Questo esempio dimostra come le rendite passive possano offrire la libertà di gestire meglio il proprio tempo e di raggiungere un maggiore equilibrio tra vita lavorativa e personale.

Un altro scenario è quello di Luca e Maria, una coppia prossima alla pensione che ha deciso di investire in un portafoglio diversificato di azioni e obbligazioni per creare rendite passive. Grazie ai dividendi e agli interessi generati dai loro investimenti, Luca e Maria ricevono un flusso di reddito regolare che integra le loro pensioni. Questo reddito aggiuntivo ha permesso loro di mantenere il loro tenore di vita senza dover fare sacrifici significativi. Inoltre, ha dato loro la possibilità di viaggiare, esplorare nuovi hobby e passare del tempo con i loro nipoti senza preoccuparsi delle spese. La serenità finanziaria raggiunta grazie alle rendite passive ha reso la loro pensione un periodo di gioia e tranquillità, piuttosto che di incertezza e preoccupazioni economiche.

Infine, c'è l'esempio di Paolo, un giovane imprenditore che ha sviluppato un'applicazione di successo. Dopo averla lanciata sul mercato, l'applicazione ha iniziato a generare rendite passive attraverso abbonamenti e pubblicità. Questo flusso di reddito passivo ha permesso a Paolo di reinvestire nel suo business, esplorare nuove idee e avviare ulteriori progetti imprenditoriali. La sicurezza finanziaria derivante dalle rendite passive ha dato a Paolo la libertà di sperimentare e innovare senza il peso delle preoccupazioni economiche, accelerando così la crescita del suo impero imprenditoriale.

Questi scenari mostrano come le rendite passive possano trasformare radicalmente la vita delle persone, offrendo stabilità finanziaria, libertà e la possibilità di realizzare i propri sogni. Tuttavia, è essenziale sfatare i miti comuni sull'educazione finanziaria e sulle rendite passive per evitare disillusioni e preparare realisticamente chi intraprende questo percorso. Comprendere che le rendite passive richiedono pianificazione, tempo e impegno è cruciale per costruire una strategia di successo che possa davvero portare a un cambiamento positivo e duraturo nella propria vita finanziaria.

Sfatare i miti comuni sull'educazione finanziaria e sulle rendite passive

L'educazione finanziaria e la creazione di rendite passive sono spesso accompagnate da una serie di miti e fraintendimenti che possono scoraggiare molte persone dall'intraprendere questo percorso. Sfatare questi miti è essenziale per comprendere realisticamente cosa comporti il raggiungimento della stabilità finanziaria e della libertà economica, evitando delusioni e aspettative irrealistiche.

Uno dei miti più comuni è che per generare rendite passive sia necessario essere ricchi o avere ingenti capitali iniziali. Questo non è vero. Anche se avere un capitale iniziale può certamente facilitare il processo, non è un requisito indispensabile. Esistono molteplici strategie che richiedono investimenti iniziali minimi. Ad esempio, è possibile iniziare a investire in borsa con somme relativamente piccole, grazie alle piattaforme di trading online che permettono di acquistare frazioni di azioni. Inoltre, attività come la creazione di contenuti digitali o il marketing di affiliazione possono essere avviate con costi minimi, sfruttando le proprie competenze e la propria creatività.

Un altro mito diffuso è che le rendite passive siano completamente prive di lavoro e impegno. La verità è che, sebbene le rendite passive richiedano meno lavoro continuo rispetto alle entrate attive, non sono del tutto esenti da impegno. L'avvio e la gestione di flussi di reddito passivo richiedono tempo, ricerca, pianificazione e, talvolta, manutenzione. Ad esempio, investire in immobili richiede la ricerca di proprietà, la gestione degli affittuari e la manutenzione delle strutture. Allo stesso modo, creare un prodotto digitale richiede tempo per lo sviluppo, la promozione e l'aggiornamento periodico. È importante avere una visione realistica e riconoscere che un certo livello di impegno è sempre necessario per costruire e mantenere rendite passive.

C'è anche il mito che l'educazione finanziaria sia complicata e riservata solo agli esperti o ai professionisti del settore. Questo può sembrare vero a causa della terminologia tecnica e dei concetti complessi che spesso circondano il mondo della finanza. Tuttavia, l'educazione finanziaria di base è accessibile a tutti e può essere acquisita attraverso risorse facilmente reperibili come libri, corsi online e articoli educativi. Anche se inizialmente può sembrare scoraggiante, chiunque può imparare i principi fondamentali della gestione del denaro, degli investimenti e della pianificazione finanziaria con un po' di dedizione e curiosità.

Un ulteriore mito riguarda la convinzione che le rendite passive offrano guadagni rapidi e facili. Questo malinteso è spesso alimentato da storie di successo esagerate e promesse di guadagni rapidi. La realtà è che costruire flussi di reddito passivo sostenibili richiede tempo e pazienza. Gli investimenti devono maturare, i progetti imprenditoriali devono crescere e la strategia deve essere adattata nel tempo per rispondere alle circostanze mutevoli del mercato. Aspettarsi risultati immediati può portare a frustrazione e abbandono prematuro del percorso.

Infine, molte persone credono che l'educazione finanziaria e le rendite passive siano solo per chi ha già una solida base economica. Al contrario, queste conoscenze e strategie sono particolarmente importanti per chi vuole migliorare la propria situazione finanziaria. Anche partendo da una posizione di debolezza economica, è possibile applicare i principi dell'educazione finanziaria per risparmiare, investire e costruire rendite passive che, nel tempo, possono trasformare radicalmente la propria vita.

Comprendere e sfatare questi miti è fondamentale per prepararsi realisticamente alla creazione di rendite passive e alla gestione efficace delle proprie finanze. Una volta eliminati questi fraintendimenti, è possibile avanzare con maggiore fiducia e consapevolezza verso gli obiettivi finanziari, creando una base solida per il futuro.

VALUTARE LA TUA SITUAZIONE FINANZIARIA

Fornire una guida dettagliata per creare un bilancio personale e monitorare le spese

Creare un bilancio personale e monitorare le spese è un passo fondamentale verso la gestione efficace delle proprie finanze e il raggiungimento dell'indipendenza economica. Questo processo permette di avere una chiara visione delle entrate e delle uscite, aiutando a prendere decisioni informate e a individuare aree in cui è possibile risparmiare. Per iniziare, è essenziale raccogliere tutte le informazioni finanziarie pertinenti, come buste paga, estratti conto bancari e ricevute di spese. Questo fornirà una base accurata su cui costruire il bilancio.

Il primo passo nella creazione di un bilancio personale è calcolare il reddito totale. Questo include tutte le fonti di reddito, come salari, bonus, interessi su investimenti, affitti e altre entrate passive. Una volta ottenuta una cifra complessiva del reddito mensile, è importante identificare le spese fisse, ovvero quelle che rimangono costanti ogni mese. Tra queste si possono annoverare l'affitto o il mutuo, le utenze, le assicurazioni, le rate di prestiti e le spese per l'istruzione. Conoscere l'ammontare esatto delle spese fisse permette di avere una base solida per il bilancio.

Successivamente, è necessario esaminare le spese variabili, che possono cambiare di mese in mese. Queste includono alimentari, trasporti, intrattenimento, abbigliamento e altre spese personali. Monitorare queste spese richiede una certa disciplina, ma è fondamentale per comprendere dove va il denaro e per identificare possibili aree di riduzione. È utile conservare tutte le ricevute e annotare ogni spesa quotidiana, utilizzando strumenti come app per la gestione delle finanze o semplici fogli di calcolo. Questo monitoraggio continuo permette di mantenere il controllo e di evitare spese eccessive non pianificate.

Una volta raccolti i dati sulle entrate e le uscite, si può creare il bilancio vero e proprio. Questo può essere fatto su base mensile, confrontando il totale delle entrate con il totale delle uscite. Se le spese superano le entrate, è necessario identificare le categorie di spesa in cui è possibile tagliare. Ridurre le spese superflue e non essenziali è un passo cruciale per rimanere all'interno del proprio budget e per iniziare a risparmiare. D'altro canto, se le entrate superano le uscite, è importante destinare una parte di questo surplus al risparmio e agli investimenti, creando così una base per le rendite passive.

Monitorare le spese è un processo continuo che richiede revisione e aggiustamento regolari. È utile rivedere il bilancio almeno una volta al mese per assicurarsi che le spese rimangano sotto controllo e per fare eventuali correzioni. Questo processo di revisione aiuta a identificare eventuali spese non pianificate o eccessive e permette di adattare il bilancio alle circostanze mutevoli. Utilizzare strumenti digitali può semplificare questo processo, offrendo una visione chiara e aggiornata delle proprie finanze in qualsiasi momento.

Introdurre concetti chiave come il reddito netto, il patrimonio netto e il flusso di cassa

Per comprendere appieno la propria situazione finanziaria e prendere decisioni informate, è essenziale introdurre e comprendere alcuni concetti chiave come il reddito netto, il patrimonio netto e il flusso di cassa. Questi termini rappresentano le basi della gestione finanziaria e forniscono una visione chiara della propria salute economica.

Il reddito netto è il punto di partenza. Esso rappresenta il reddito totale di un individuo al netto delle imposte e di altre deduzioni obbligatorie. Per calcolarlo, è necessario partire dal reddito lordo, che include tutti i guadagni ottenuti da fonti diverse, come salari, stipendi, bonus, interessi su investimenti e rendite passive. Da questa cifra, si sottraggono tutte le imposte, i contributi previdenziali e altre detrazioni come assicurazioni sanitarie o contributi pensionistici. Il reddito netto fornisce una misura accurata del denaro effettivamente disponibile per le spese quotidiane, il risparmio e gli investimenti. Comprendere il proprio reddito netto è fondamentale per pianificare un budget realistico e sostenibile.

Il patrimonio netto è un altro concetto cruciale e rappresenta la differenza tra gli asset posseduti e i debiti. Gli asset includono tutto ciò che ha valore economico, come immobili, veicoli, conti di risparmio, investimenti in borsa e altri beni di valore. I debiti, invece, comprendono tutte le passività finanziarie, come mutui, prestiti personali, debiti con carte di credito e altre obbligazioni finanziarie. Per calcolare il patrimonio netto, si sommano tutti gli asset e si sottraggono i debiti totali. Un patrimonio netto positivo indica che gli asset superano i debiti, mentre un patrimonio netto negativo segnala che i debiti sono superiori agli asset. Monitorare il patrimonio netto nel tempo è utile per valutare la propria crescita finanziaria e per prendere decisioni informate su come migliorare la propria situazione economica.

Il flusso di cassa, infine, rappresenta il movimento di denaro in entrata e in uscita dalle proprie finanze in un determinato periodo. È una misura dinamica che mostra come il denaro viene guadagnato e speso, e fornisce una visione chiara della liquidità finanziaria. Per calcolare il flusso di cassa, si sommano tutte le entrate, come stipendi, dividendi e altri redditi, e si sottraggono tutte le uscite, come spese quotidiane, bollette, pagamenti di debiti e altre spese. Un flusso di cassa positivo indica che le entrate superano le uscite, permettendo di risparmiare e investire. Un flusso di cassa negativo, al contrario, suggerisce che le spese superano le entrate, il che può portare a difficoltà finanziarie nel lungo termine. Gestire efficacemente il flusso di cassa è essenziale per mantenere una buona salute finanziaria e per evitare il sovraindebitamento.

Comprendere questi concetti chiave è fondamentale per avere una visione completa della propria situazione finanziaria. Il reddito netto fornisce una misura del denaro disponibile dopo le deduzioni, il patrimonio netto mostra la differenza tra ciò che si possiede e ciò che si deve, e il flusso di cassa rivela come il denaro viene guadagnato e speso. Una volta compresi questi elementi, è possibile passare al prossimo passo, ovvero spiegare l'importanza di calcolare il proprio debito e creare un piano per ridurlo.

Spiegare l'importanza di calcolare il proprio debito e creare un piano per ridurlo

Calcolare il proprio debito e creare un piano per ridurlo è una componente essenziale per raggiungere la stabilità finanziaria e la libertà economica. Comprendere l'entità del proprio debito è il primo passo per prendere il controllo delle proprie finanze, poiché permette di avere una chiara visione delle proprie passività e di adottare misure efficaci per migliorare la situazione economica. Il debito, se non gestito correttamente, può diventare un ostacolo significativo per il raggiungimento dei propri obiettivi finanziari, comportando interessi elevati e una pressione costante che limita la capacità di risparmiare e investire.

L'importanza di calcolare il proprio debito risiede nella necessità di avere una visione completa e precisa di tutte le passività finanziarie. Questo include non solo i debiti più evidenti, come mutui e prestiti personali, ma anche quelli meno visibili, come i saldi delle carte di credito, i finanziamenti a rate e i prestiti per gli studi. Avere un quadro chiaro e dettagliato di tutti i debiti permette di capire l'ammontare totale delle passività e di identificare quali debiti richiedono attenzione immediata a causa degli alti tassi di interesse o delle scadenze ravvicinate. Senza una conoscenza accurata del proprio debito, è impossibile sviluppare una strategia efficace per la sua riduzione.

Una volta calcolato il debito totale, il passo successivo è creare un piano dettagliato per ridurlo. Questo piano dovrebbe essere realistico e sostenibile, tenendo conto delle entrate e delle spese attuali. La prima fase consiste nel prioritizzare i debiti in base ai tassi di interesse e all'importanza di ciascuno. I debiti con tassi di interesse elevati, come quelli delle carte di credito, dovrebbero essere affrontati per primi, poiché accumulano interessi rapidamente e possono aumentare significativamente il carico del debito nel tempo. Parallelamente, è utile effettuare pagamenti minimi su tutti i debiti per evitare penalità e mantenere una buona storia creditizia.

Un altro aspetto cruciale del piano di riduzione del debito è identificare le risorse disponibili per aumentare i pagamenti. Questo può includere tagliare spese non essenziali, trovare fonti di reddito aggiuntive o utilizzare eventuali bonus o rimborsi fiscali per ridurre il debito. Ogni pagamento extra fatto verso il debito principale riduce il capitale residuo e, di conseguenza, gli interessi accumulati, accelerando il processo di estinzione del debito. È importante mantenere la motivazione e la disciplina durante questo processo, celebrando i progressi fatti e adattando il piano di riduzione del debito se necessario.

Ridurre il debito non solo libera risorse finanziarie, ma allevia anche lo stress psicologico associato alle preoccupazioni economiche. Una volta che il debito è stato significativamente ridotto o eliminato, diventa possibile concentrare le risorse sul risparmio e sugli investimenti, migliorando così il patrimonio netto e il flusso di cassa. Questo crea una base solida per la costruzione di rendite passive e per il raggiungimento di obiettivi finanziari a lungo termine.

In conclusione, calcolare il proprio debito e creare un piano per ridurlo è una parte integrante del viaggio verso la stabilità finanziaria. Questa pratica non solo migliora la gestione delle passività, ma prepara anche il terreno per affrontare gli ostacoli finanziari e definire obiettivi chiari e raggiungibili per il futuro. Con una strategia ben definita, è possibile trasformare le sfide finanziarie in opportunità di crescita e successo economico a lungo termine.

Identificare i principali ostacoli finanziari e definire obiettivi realistici per il futuro

Identificare i principali ostacoli finanziari e definire obiettivi realistici per il futuro è una tappa fondamentale per chiunque desideri migliorare la propria situazione economica e costruire una solida base finanziaria. Questo processo richiede una riflessione attenta e una valutazione critica delle sfide che possono ostacolare il raggiungimento degli obiettivi finanziari. Tra i principali ostacoli finanziari si annoverano le spese impreviste, la mancanza di pianificazione finanziaria, le cattive abitudini di spesa e gli imprevisti economici.

Le spese impreviste rappresentano una delle sfide più comuni. Eventi come guasti domestici, spese mediche inattese o riparazioni del veicolo possono mettere a dura prova il bilancio familiare. La creazione di un fondo di emergenza è essenziale per affrontare queste spese senza compromettere la stabilità finanziaria. Questo fondo dovrebbe essere sufficiente a coprire almeno tre-sei mesi di spese essenziali e dovrebbe essere facilmente accessibile in caso di necessità.

La mancanza di pianificazione finanziaria è un altro ostacolo significativo. Senza una chiara strategia finanziaria, è facile perdere di vista gli obiettivi a lungo termine e spendere in modo disordinato. Creare un budget dettagliato e monitorare le spese aiuta a mantenere il controllo sulle finanze e a garantire che le risorse siano allocate in modo efficiente. Un piano finanziario ben strutturato dovrebbe includere obiettivi specifici, come il risparmio per la pensione, l'acquisto di una casa o l'investimento in educazione.

Le cattive abitudini di spesa possono erodere rapidamente il reddito e impedire l'accumulo di risparmi. Identificare e correggere queste abitudini è cruciale per migliorare la salute finanziaria. Questo può includere ridurre le spese superflue, evitare l'uso eccessivo delle carte di credito e adottare uno stile di vita più frugale. Piccoli cambiamenti nelle abitudini quotidiane, come preparare i pasti a casa invece di mangiare fuori, possono portare a risparmi significativi nel lungo periodo.

Gli imprevisti economici, come la perdita del lavoro o una recessione economica, possono avere un impatto devastante sulle finanze personali. Prepararsi a queste eventualità è fondamentale per mantenere la stabilità finanziaria. Oltre al fondo di emergenza, è utile diversificare le fonti di reddito, sviluppare competenze che aumentino l'occupabilità e mantenere una rete di supporto professionale e personale.

Definire obiettivi realistici per il futuro è il passo successivo dopo aver identificato gli ostacoli finanziari. Gli obiettivi devono essere specifici, misurabili, raggiungibili, rilevanti e temporizzati (SMART). Ad esempio, un obiettivo potrebbe essere risparmiare una certa somma di denaro entro un determinato periodo per l'acquisto di una casa. Un altro potrebbe essere estinguere una percentuale specifica di debito entro un anno. Avere obiettivi chiari e realistici aiuta a mantenere la motivazione e a tracciare i progressi.

Una volta definiti gli obiettivi, è importante sviluppare un piano d'azione dettagliato. Questo piano dovrebbe includere passi concreti per raggiungere ciascun obiettivo, come l'allocazione mensile di una parte del reddito al risparmio o l'implementazione di strategie per aumentare il reddito, come l'educazione continua o il lavoro freelance. Monitorare regolarmente i progressi verso gli obiettivi permette di fare aggiustamenti se necessario e di celebrare i successi lungo il cammino.

Proseguendo, è utile offrire strumenti e risorse per una valutazione finanziaria completa e personalizzata. Questi strumenti possono includere calcolatori di budget, app di gestione finanziaria e consulenze finanziarie professionali. Utilizzare tali risorse aiuta a ottenere una visione chiara e dettagliata della propria situazione finanziaria, facilitando la pianificazione e il raggiungimento degli obiettivi. La valutazione finanziaria personalizzata è fondamentale per adattare le strategie alle esigenze specifiche di ciascun individuo, garantendo che ogni decisione finanziaria sia informata e ben ponderata.

Offrire strumenti e risorse per una valutazione finanziaria completa e personalizzata

Una valutazione accurata delle proprie finanze fornisce una base solida per prendere decisioni informate e sviluppare strategie efficaci per raggiungere gli obiettivi finanziari. Esistono vari strumenti e risorse che possono facilitare questo processo, rendendolo accessibile e gestibile per chiunque.

Il primo passo per una valutazione finanziaria completa è raccogliere tutte le informazioni pertinenti sulle proprie finanze. Questo include dettagli sulle entrate, le spese, i debiti, i risparmi e gli investimenti. Utilizzare un foglio di calcolo o un'app di gestione finanziaria può aiutare a organizzare e analizzare questi dati in modo sistematico. Le app di gestione finanziaria, come Mint, YNAB (You Need A Budget) o Personal Capital, offrono funzionalità avanzate per tracciare le spese, creare budget e monitorare gli investimenti, facilitando una visione globale della situazione finanziaria.

Una risorsa essenziale per la valutazione finanziaria è un calcolatore di budget. Questi strumenti aiutano a creare un budget personalizzato basato sulle entrate e sulle spese specifiche dell'individuo. Utilizzare un calcolatore di budget permette di identificare le aree in cui si può risparmiare e di allocare le risorse in modo più efficiente. È importante rivedere e aggiornare il budget regolarmente per adattarlo alle variazioni nelle entrate o nelle spese.

Per una valutazione più approfondita, i calcolatori di patrimonio netto sono estremamente utili. Questi strumenti consentono di calcolare la differenza tra gli asset posseduti e i debiti, offrendo una chiara visione del proprio patrimonio netto. Monitorare il patrimonio netto nel tempo aiuta a valutare i progressi verso gli obiettivi finanziari e a prendere decisioni informate sugli investimenti e sulla gestione del debito.

Oltre ai calcolatori di budget e patrimonio netto, è utile utilizzare calcolatori di flusso di cassa. Questi strumenti permettono di monitorare il flusso di entrate e uscite, aiutando a mantenere un equilibrio positivo tra i guadagni e le spese. Un flusso di cassa positivo è essenziale per costruire risparmi, investire e ridurre il debito.

La consulenza finanziaria professionale è un'altra risorsa preziosa per una valutazione finanziaria personalizzata. Un consulente finanziario può offrire consigli esperti su come gestire le finanze, creare un piano di risparmio e investimento, e sviluppare strategie per raggiungere obiettivi specifici. La consulenza professionale è particolarmente utile per situazioni finanziarie complesse o per chi ha bisogno di un piano dettagliato per il lungo termine.

Risorse educative, come libri, corsi online e webinar, possono fornire una base solida di conoscenze finanziarie. Approfondire la propria educazione finanziaria aiuta a comprendere meglio i principi di base della gestione del denaro, degli investimenti e della pianificazione finanziaria. Esistono numerosi libri e corsi di alta qualità che coprono una vasta gamma di argomenti finanziari, permettendo a chiunque di sviluppare competenze finanziarie fondamentali.

Infine, le comunità online e i forum di discussione possono essere un supporto utile per condividere esperienze, ottenere consigli e trovare ispirazione. Partecipare a gruppi dedicati alla gestione finanziaria permette di connettersi con altre persone che stanno perseguendo obiettivi simili, offrendo sostegno e motivazione reciproca.

In sintesi, utilizzare una combinazione di strumenti digitali, risorse educative e consulenza professionale consente di effettuare una valutazione finanziaria completa e personalizzata. Questa valutazione è il fondamento su cui costruire una solida strategia finanziaria, capace di affrontare gli ostacoli, definire obiettivi realistici e realizzare una crescita economica sostenibile e duratura.

STRATEGIE PER GENERARE RENDITE PASSIVE

Presentare un'ampia gamma di strategie per generare rendite passive, adatte a diversi livelli di esperienza e di investimento

Generare rendite passive è una strategia finanziaria che può essere adattata a diversi livelli di esperienza e disponibilità di investimento, permettendo a chiunque di iniziare a costruire flussi di reddito aggiuntivi. Una delle chiavi del successo in questo campo è la diversificazione delle fonti di rendita, scegliendo strategie che si adattano alle proprie competenze, interessi e risorse finanziarie. Ciò consente di minimizzare i rischi e di massimizzare le opportunità di guadagno.

Per i principianti, una delle strategie più accessibili è quella di investire in fondi indicizzati o ETF (Exchange-Traded Fund). Questi strumenti finanziari offrono una diversificazione automatica degli investimenti e richiedono una gestione minima. Investendo in un fondo indicizzato, si può ottenere un rendimento stabile e continuo, basato sulla performance complessiva del mercato azionario. Questa strategia è ideale per chi ha poca esperienza negli investimenti e preferisce un approccio a basso rischio e a lungo termine.

Un'altra opzione per i neofiti è il peer-to-peer lending. Attraverso piattaforme online, è possibile prestare denaro a individui o piccole imprese in cambio di interessi. Questo metodo consente di ottenere rendimenti più elevati rispetto ai tradizionali conti di risparmio, sebbene comporti un certo grado di rischio legato alla solvibilità dei debitori. È una strategia interessante per chi è disposto a diversificare i propri investimenti in vari prestiti per mitigare il rischio.

Per chi ha una certa esperienza e un capitale maggiore, gli investimenti immobiliari rappresentano una delle strategie più consolidate per generare rendite passive. L'acquisto di immobili da affittare offre un flusso di reddito stabile attraverso i canoni di locazione, oltre al potenziale apprezzamento del valore dell'immobile nel tempo. La gestione di immobili richiede competenze nella manutenzione e nell'amministrazione delle proprietà, ma può essere delegata a società di gestione immobiliare. Questa opzione è particolarmente vantaggiosa in mercati immobiliari in crescita, dove la domanda di affitti è elevata.

Per coloro che cercano un approccio meno tradizionale, il crowdfunding immobiliare è una strategia innovativa che consente di investire in progetti immobiliari con un

capitale ridotto. Attraverso piattaforme di crowdfunding, è possibile partecipare a progetti di sviluppo immobiliare o di riqualificazione, ottenendo rendimenti sotto forma di dividendi o interessi. Questo metodo offre la possibilità di diversificare gli investimenti in più progetti senza la necessità di acquistare direttamente immobili.

Un'altra strategia adatta a chi ha un capitale maggiore è quella degli investimenti in dividendi. Acquistare azioni di società che distribuiscono regolarmente dividendi permette di ottenere un reddito passivo costante. Questo approccio richiede una buona conoscenza del mercato azionario e delle aziende in cui si investe, ma può offrire rendimenti significativi e sostenibili nel tempo.

Per gli esperti e gli imprenditori, creare un business automatizzato è una strategia avanzata per generare rendite passive. Un esempio è la creazione di un e-commerce che venda prodotti digitali, come ebook, corsi online o software. Una volta sviluppati, questi prodotti possono generare entrate continue senza richiedere un impegno costante. La chiave del successo in questo settore è costruire un business scalabile e automatizzabile, utilizzando strumenti di marketing digitale e gestione delle vendite.

Infine, per chi dispone di un capitale significativo e cerca rendite passive altamente diversificate, gli investimenti in hedge fund e private equity possono essere un'opzione. Questi strumenti finanziari sono gestiti da professionisti e offrono l'opportunità di partecipare a investimenti complessi e ad alto rendimento. Tuttavia, richiedono una comprensione approfondita dei mercati finanziari e un elevato livello di tolleranza al rischio.

Proseguendo, è fondamentale esplorare in dettaglio le strategie immobiliari specifiche, come l'affitto di appartamenti, il crowdfunding immobiliare e l'affitto di stanze. Queste opzioni offrono opportunità concrete per generare rendite passive attraverso il settore immobiliare, adattandosi a diverse disponibilità di capitale e livelli di esperienza. Approfondire ciascuna di queste strategie aiuterà a comprendere meglio le dinamiche del mercato immobiliare e a scegliere l'approccio più adatto alle proprie esigenze e obiettivi finanziari.

Esplorare strategie immobiliari come l'affitto di appartamenti, il crowdfunding immobiliare e l'affitto di stanze

Queste strategie permettono di sfruttare il mercato immobiliare in modi differenti, massimizzando il potenziale di guadagno e diversificando le fonti di reddito.

L'affitto di appartamenti è una delle strategie immobiliari più tradizionali e consolidate. Acquistare un immobile da affittare a lungo termine può garantire un flusso di reddito costante grazie ai canoni di locazione. Questa strategia richiede un investimento iniziale significativo per l'acquisto dell'immobile, nonché la gestione continua delle proprietà. La scelta della posizione è cruciale, poiché immobili situati in aree con alta domanda di affitti, vicine a centri urbani o a infrastrutture importanti, tendono ad attirare inquilini con maggiore facilità e a garantire rendimenti più elevati. Inoltre, è importante considerare le spese di manutenzione, le tasse immobiliari e le eventuali spese per la gestione dell'immobile, che possono influire sul rendimento netto. Affidarsi a una società di gestione immobiliare può semplificare la gestione quotidiana e ridurre il carico di lavoro personale, sebbene comporti un costo aggiuntivo.

Il crowdfunding immobiliare è una strategia relativamente nuova che ha guadagnato popolarità grazie alla democratizzazione degli investimenti immobiliari. Attraverso piattaforme di crowdfunding, gli investitori possono partecipare a progetti immobiliari con un capitale ridotto, contribuendo a finanziare lo sviluppo di nuovi edifici o la ristrutturazione di proprietà esistenti. Questa strategia offre la possibilità di diversificare gli investimenti in vari progetti immobiliari senza la necessità di acquistare direttamente un immobile. Gli investitori ricevono rendimenti sotto forma di dividendi periodici o interessi, a seconda della struttura del progetto e delle condizioni dell'investimento. Il crowdfunding immobiliare consente di accedere a opportunità di investimento che altrimenti sarebbero riservate a grandi investitori istituzionali, offrendo rendimenti potenzialmente elevati in cambio di un rischio moderato.

L'affitto di stanze, noto anche come house hacking, è una strategia che permette di generare rendite passive utilizzando la propria abitazione. Consiste nell'affittare una o più stanze della propria casa a inquilini a breve o lungo termine, riducendo così i costi di abitazione e generando un reddito aggiuntivo. Questa strategia è particolarmente vantaggiosa per chi possiede una casa con stanze inutilizzate o per chi è disposto a condividere lo spazio abitativo. Affittare stanze su piattaforme di affitti a breve termine, come Airbnb, può offrire rendimenti più elevati rispetto agli affitti tradizionali, sebbene richieda una gestione più attiva e la capacità di adattarsi alle esigenze dei diversi ospiti. È importante considerare le normative locali sugli affitti a breve termine e assicurarsi di rispettare tutte le leggi e i regolamenti applicabili.

Queste strategie immobiliari offrono diverse modalità per generare rendite passive, ognuna con i propri vantaggi e sfide. L'affitto di appartamenti garantisce un flusso di reddito stabile e a lungo termine, ideale per chi ha un capitale significativo da investire. Il crowdfunding immobiliare democratizza l'accesso agli investimenti immobiliari, permettendo di partecipare a progetti di sviluppo con un investimento iniziale ridotto. L'affitto di stanze, infine, offre una soluzione flessibile per monetizzare lo spazio abitativo non utilizzato, riducendo i costi di alloggio e generando reddito supplementare.

Proseguendo, è essenziale discutere delle opportunità di investimento in strumenti finanziari tradizionali come azioni, obbligazioni, fondi comuni di investimento e peer-to-peer lending. Questi strumenti offrono ulteriori opzioni per diversificare il portafoglio di investimenti e generare rendite passive, ciascuno con un diverso profilo di rischio e rendimento. Esaminare in dettaglio ciascuna di queste opzioni aiuterà a comprendere come integrarle nella propria strategia finanziaria complessiva, massimizzando il potenziale di guadagno e riducendo i rischi associati agli investimenti.

Discutere di opportunità di investimento come azioni, obbligazioni, fondi comuni di investimento e peer-to-peer lending

Ciascuna di queste opzioni presenta caratteristiche uniche, profili di rischio diversi e potenziali di rendimento variabili, permettendo agli investitori di costruire un portafoglio diversificato che si adatta alle proprie esigenze e obiettivi finanziari.

Le azioni rappresentano una delle forme più comuni di investimento. Acquistando azioni di una società, si diventa proprietari di una parte dell'azienda e si ha diritto a una quota dei suoi profitti sotto forma di dividendi. Inoltre, il valore delle azioni può aumentare nel tempo, offrendo un guadagno in conto capitale quando vengono vendute. Investire in azioni richiede una certa conoscenza del mercato e delle singole società in cui si investe. È possibile ridurre il rischio diversificando il portafoglio e investendo in diverse aziende di settori vari. Le azioni possono offrire rendimenti elevati, ma sono soggette a una maggiore volatilità rispetto ad altre forme di investimento.

Le obbligazioni sono un'opzione di investimento più conservativa rispetto alle azioni. Quando si acquista un'obbligazione, si presta denaro a un ente emittente, che può essere un governo, un'azienda o un'altra organizzazione, in cambio di interessi periodici e del rimborso del capitale alla scadenza. Le obbligazioni offrono un flusso di reddito stabile e prevedibile, ideale per chi cerca investimenti a basso rischio. Tuttavia, i rendimenti delle obbligazioni tendono a essere inferiori rispetto a quelli delle azioni. La diversificazione del portafoglio di obbligazioni può mitigare i rischi associati ai tassi di interesse e alla solvibilità dell'emittente.

I fondi comuni di investimento rappresentano un'altra opportunità per generare rendite passive. Questi fondi raccolgono il denaro di molti investitori per acquistare una varietà di titoli, come azioni, obbligazioni o altri strumenti finanziari. I fondi comuni offrono il vantaggio della diversificazione automatica e della gestione professionale. Gli investitori possono scegliere tra diversi tipi di fondi comuni, ognuno con una strategia d'investimento specifica, come i fondi a gestione attiva, che cercano di superare il mercato, o i fondi indicizzati, che replicano la performance di un indice di mercato. I fondi comuni di investimento possono essere un'ottima scelta per chi desidera un approccio più passivo alla gestione degli investimenti, delegando le decisioni a gestori esperti.

Il peer-to-peer lending è una forma relativamente nuova di investimento che consente di prestare denaro direttamente a individui o piccole imprese attraverso piattaforme online. Gli investitori guadagnano interessi sui prestiti concessi, spesso a tassi più alti rispetto ai conti di risparmio tradizionali. Il peer-to-peer lending offre l'opportunità di diversificare ulteriormente il portafoglio investendo in prestiti di diversi importi e durate. Tuttavia, questo tipo di investimento comporta un certo grado di rischio, legato alla solvibilità dei mutuatari. È importante utilizzare piattaforme affidabili e diversificare i prestiti per ridurre il rischio complessivo.

Queste opportunità di investimento offrono una vasta gamma di opzioni per generare rendite passive e costruire un portafoglio diversificato. Ciascuna di esse ha i propri vantaggi e svantaggi, ed è essenziale valutare attentamente le proprie esigenze, obiettivi e tolleranza al rischio prima di prendere decisioni d'investimento. Una combinazione equilibrata di azioni, obbligazioni, fondi comuni di investimento e peer-to-peer lending può offrire un equilibrio tra rischio e rendimento, garantendo una crescita sostenibile del patrimonio nel tempo.

Introdurre concetti di business online come il dropshipping, il marketing di affiliazione e la creazione di contenuti

Queste strategie imprenditoriali offrono flessibilità e scalabilità, permettendo di avviare un'attività con investimenti iniziali relativamente bassi e di raggiungere un vasto pubblico globale.

Il dropshipping è un modello di e-commerce in cui il venditore non mantiene un inventario fisico dei prodotti che vende. Invece, quando un cliente effettua un ordine, il venditore acquista il prodotto da un fornitore terzo che lo spedisce direttamente al cliente. Questo elimina la necessità di gestire magazzini e logistica, riducendo significativamente i costi operativi. Per avviare un'attività di dropshipping, è necessario creare un negozio online, spesso utilizzando piattaforme come Shopify o WooCommerce. La chiave del successo nel dropshipping risiede nella scelta dei prodotti giusti, nella costruzione di un sito web attraente e nell'implementazione di strategie di marketing efficaci per attirare traffico e convertire i visitatori in clienti. Sebbene il margine di profitto per prodotto possa essere inferiore rispetto ai modelli di vendita tradizionali, il dropshipping permette di gestire un'attività scalabile e automatizzata, che può generare rendite passive con il minimo intervento diretto.

Il marketing di affiliazione è un'altra strategia popolare per generare rendite passive online. Consiste nel promuovere prodotti o servizi di altre aziende tramite link di affiliazione. Quando un utente clicca su questi link e completa un acquisto, l'affiliato riceve una commissione. Questo modello di business è particolarmente adatto a chi gestisce un blog, un sito web, o un canale sui social media con un pubblico consolidato. Per avere successo nel marketing di affiliazione, è importante scegliere prodotti o servizi che siano rilevanti per il proprio pubblico e creare contenuti di qualità che ne illustrino i benefici. Piattaforme come Amazon Associates, ShareASale e Commission Junction offrono programmi di affiliazione con una vasta gamma di prodotti e servizi da promuovere. La chiave è costruire fiducia con il proprio pubblico, offrendo raccomandazioni genuine e trasparenti che risuonino con le loro esigenze e interessi.

La creazione di contenuti è un'opportunità versatile che può includere la produzione di articoli, video, podcast, corsi online e altro ancora. I creatori di contenuti possono monetizzare le loro opere attraverso diverse strategie, come le entrate pubblicitarie, le sponsorizzazioni, le donazioni dei fan e la vendita di prodotti digitali. Piattaforme come YouTube, Patreon e Teachable offrono strumenti per monetizzare i contenuti e raggiungere un pubblico globale. La creazione di contenuti richiede creatività e dedizione, ma una volta che il contenuto è prodotto e distribuito, può continuare a generare rendite passive per anni. Ad esempio, un video su YouTube può continuare a guadagnare attraverso le visualizzazioni e le pubblicità molto tempo dopo la sua pubblicazione. Inoltre, i corsi online su piattaforme come Udemy o Coursera possono generare entrate costanti man mano che nuovi studenti si iscrivono.

Queste strategie di business online offrono diverse modalità per generare rendite passive, ciascuna con i propri vantaggi e sfide. Dropshipping, marketing di affiliazione e creazione di contenuti possono essere combinati per diversificare le fonti di reddito e massimizzare il potenziale di guadagno. La chiave del successo in questi modelli di business risiede nella capacità di creare valore per il proprio pubblico, scegliere le giuste nicchie di mercato e implementare strategie di marketing efficaci.

Esaminare strategie alternative come il noleggio di beni, la pubblicazione di ebook e la vendita di prodotti digitali

Altre strategie molto profittevoli sono: il noleggio di beni, la pubblicazione di ebook e la vendita di prodotti digitali.

Il noleggio di beni è una strategia efficace per monetizzare risorse che altrimenti rimarrebbero inutilizzate. Un esempio comune è il noleggio di immobili, come case vacanze o stanze extra, tramite piattaforme come Airbnb o Vrbo. Questo approccio consente di generare un flusso di reddito regolare sfruttando proprietà esistenti. Altri beni che possono essere noleggiati includono veicoli, attrezzature fotografiche, strumenti musicali e persino abiti di lusso. Piattaforme come Turo per il noleggio di auto, Fat Llama per attrezzature varie, e Rent the Runway per abiti, facilitano questo processo. Il noleggio di beni richiede una gestione attenta, inclusa la manutenzione degli oggetti e la comunicazione con i clienti, ma può offrire rendimenti significativi con un investimento iniziale minimo.

La pubblicazione di ebook rappresenta un'altra valida strategia per generare rendite passive. Gli ebook sono facili da produrre e distribuire grazie alle piattaforme di self-publishing come Amazon Kindle Direct Publishing (KDP). Gli autori possono scrivere su una vasta gamma di argomenti, dalla narrativa alla saggistica, guide pratiche, manuali tecnici e molto altro. Una volta pubblicato, un ebook può continuare a vendere per anni, generando entrate costanti. La chiave del successo nella pubblicazione di ebook è la qualità del contenuto e una strategia di marketing efficace. Promuovere l'ebook attraverso i social media, blog, newsletter e collaborazioni con altri autori può aumentare la visibilità e le vendite. Inoltre, sfruttare le recensioni dei lettori può migliorare la reputazione dell'ebook e attirare nuovi acquirenti.

La vendita di prodotti digitali è una strategia estremamente versatile che può includere una vasta gamma di contenuti, come corsi online, software, modelli di design, fotografie, musica e molto altro. I prodotti digitali hanno il vantaggio di essere replicabili all'infinito senza costi aggiuntivi di produzione. Piattaforme come Etsy, Udemy, Gumroad e Shopify offrono strumenti per creare, vendere e distribuire prodotti digitali facilmente. Ad esempio, un fotografo può vendere le proprie foto su siti di stock photography,

un designer grafico può vendere modelli di design su Etsy, e un esperto in un campo specifico può creare e vendere corsi online su Udemy. La creazione di prodotti digitali richiede un investimento iniziale di tempo e competenze, ma una volta creati, questi prodotti possono generare rendite passive costanti.

Queste strategie alternative offrono opportunità per monetizzare risorse esistenti e competenze personali, contribuendo a diversificare le fonti di reddito e a costruire una base finanziaria solida. Il noleggio di beni, la pubblicazione di ebook e la vendita di prodotti digitali sono esempi di come sfruttare le proprie risorse e competenze per generare entrate passive. Ogni strategia ha i suoi vantaggi e richiede approcci diversi, ma tutte offrono la possibilità di creare flussi di reddito aggiuntivi con un impegno iniziale relativamente ridotto.

SCEGLIERE GLI INVESTIMENTI GIUSTI PER TE

Valutare il proprio profilo di rischio e la tolleranza al rischio per prendere decisioni di investimento informati

La comprensione di questi concetti permette di costruire un portafoglio di investimenti che non solo massimizza i rendimenti, ma riduce anche lo stress e l'ansia legati alle fluttuazioni del mercato.

Il profilo di rischio di un individuo è determinato da diversi fattori, tra cui l'età, la situazione finanziaria, gli obiettivi di investimento, l'orizzonte temporale e la propensione personale al rischio. Ad esempio, un giovane professionista potrebbe avere un profilo di rischio più elevato perché ha un lungo orizzonte temporale per recuperare eventuali perdite e può permettersi di investire in asset più volatili come le azioni. Al contrario, una persona prossima alla pensione potrebbe preferire un profilo di rischio più conservativo, optando per investimenti più stabili come le obbligazioni, per proteggere il capitale accumulato.

La tolleranza al rischio, d'altra parte, si riferisce alla capacità emotiva di un investitore di sopportare le perdite temporanee del proprio portafoglio. È una valutazione soggettiva di quanto una persona può sopportare le fluttuazioni del mercato senza prendere decisioni impulsive che potrebbero compromettere la strategia di investimento a lungo termine. Una bassa tolleranza al rischio può portare a vendere investimenti in momenti di panico, realizzando perdite che potrebbero essere state evitate mantenendo la calma e rimanendo investiti.

Per valutare il proprio profilo di rischio, è utile rispondere a una serie di domande riguardanti le proprie finanze e obiettivi. Quanto tempo si è disposti a mantenere investito il proprio denaro prima di averne bisogno? Qual è la propria reazione emotiva alle perdite finanziarie? Quanto è importante la stabilità del capitale rispetto al potenziale di crescita? Queste domande aiutano a delineare un quadro chiaro del livello di rischio che si è disposti ad assumere.

Una volta identificato il proprio profilo di rischio e la tolleranza al rischio, è possibile scegliere gli investimenti che meglio si adattano a queste caratteristiche. Gli investitori con un profilo di rischio elevato possono optare per una maggiore allocazione in azioni, startup o altri investimenti ad alto rendimento, ma anche ad alta volatilità. Coloro con un profilo di rischio moderato potrebbero preferire un mix equilibrato di azioni e obbligazioni, mentre gli investitori più conservativi possono concentrarsi su obbligazioni, conti di risparmio ad alto rendimento e altre opzioni a basso rischio.

Conoscere il proprio profilo di rischio e la tolleranza al rischio è essenziale anche per mantenere la disciplina durante i periodi di volatilità del mercato. La comprensione di questi fattori aiuta a rimanere fedeli alla propria strategia di investimento, evitando decisioni impulsive dettate dalle emozioni del momento. Mantenere una visione a lungo termine è fondamentale per superare le fluttuazioni del mercato e raggiungere gli obiettivi finanziari prefissati.

Spiegare i principi di diversificazione e come costruire un portafoglio di investimenti bilanciato

La diversificazione è una strategia che prevede di distribuire gli investimenti su diverse classi di asset, settori e aree geografiche per ridurre l'impatto negativo che la performance di un singolo investimento può avere sull'intero portafoglio.

Il principio alla base della diversificazione è che non tutti gli asset reagiscono allo stesso modo agli eventi di mercato. Ad esempio, mentre le azioni possono offrire alti rendimenti durante i periodi di crescita economica, tendono a essere volatili durante le recessioni. Le obbligazioni, d'altro canto, possono offrire stabilità e reddito durante periodi di incertezza economica, bilanciando le perdite potenziali delle azioni. Diversificare significa, quindi, combinare asset con diverse caratteristiche di rischio e rendimento per ottenere un portafoglio più stabile e resistente.

Per costruire un portafoglio di investimenti bilanciato, è necessario iniziare con una valutazione del proprio profilo di rischio e degli obiettivi finanziari. Questo aiuta a determinare la giusta allocazione degli asset. Una strategia comune è quella di suddividere il portafoglio tra azioni e obbligazioni. Gli investitori più giovani, con un orizzonte temporale più lungo, possono permettersi una maggiore esposizione alle azioni, poiché hanno più tempo per recuperare eventuali perdite. Al contrario, gli investitori più vicini alla pensione potrebbero preferire una maggiore allocazione in obbligazioni per preservare il capitale e ridurre la volatilità.

Oltre alla suddivisione tra azioni e obbligazioni, è importante diversificare ulteriormente all'interno di ciascuna classe di asset. Nel caso delle azioni, ciò significa investire in diverse industrie e aree geografiche. Ad esempio, un portafoglio diversificato potrebbe includere azioni di società tecnologiche, farmaceutiche, di beni di consumo e finanziarie, nonché azioni di aziende situate in Nord America, Europa, Asia e mercati emergenti. Questa strategia riduce il rischio legato a un singolo settore o regione.

Per le obbligazioni, la diversificazione può essere ottenuta investendo in titoli di Stato, obbligazioni societarie e obbligazioni municipali, con diverse scadenze e qualità creditizie. Questo approccio aiuta a bilanciare il rischio di credito e il rischio di tasso di interesse, migliorando la stabilità del portafoglio.

Un altro aspetto cruciale della diversificazione è l'inclusione di asset alternativi come gli immobili, le materie prime e le criptovalute. Gli immobili possono offrire una fonte stabile di reddito attraverso gli affitti e apprezzamento del capitale nel lungo termine. Le materie prime, come oro e petrolio, spesso hanno una correlazione negativa con le azioni e possono fornire una protezione contro l'inflazione. Le criptovalute, sebbene volatili, offrono un potenziale di rendimento elevato e possono aggiungere una dimensione innovativa al portafoglio.

L'utilizzo di fondi comuni di investimento e ETF (Exchange-Traded Funds) è un modo efficace per ottenere una diversificazione automatica con un singolo investimento. Questi strumenti raccolgono denaro da molti investitori per acquistare una vasta gamma di titoli, riducendo il rischio associato alla selezione di singoli titoli. Scegliere fondi o ETF che replicano indici di mercato ampi o settoriali può semplificare il processo di costruzione di un portafoglio diversificato.

Mantenere un portafoglio bilanciato richiede una revisione periodica e, se necessario, un ribilanciamento. I mercati fluttuano e le allocazioni iniziali possono cambiare nel tempo. Il ribilanciamento implica riportare il portafoglio alla sua allocazione originale, vendendo asset che sono cresciuti oltre il target e acquistando quelli che sono scesi sotto il target. Questo processo aiuta a mantenere il rischio sotto controllo e a realizzare profitti dagli asset che hanno performato bene.

Discutere dei costi e delle commissioni associati a diversi tipi di investimento

Spesso, gli investitori si concentrano sui potenziali guadagni senza considerare adeguatamente le spese che possono erodere significativamente i profitti nel lungo termine. Una valutazione attenta dei costi è fondamentale per prendere decisioni informate e ottimizzare i rendimenti.

Le azioni, ad esempio, comportano diverse commissioni e costi associati. Gli investitori che acquistano e vendono azioni attraverso broker tradizionali devono pagare commissioni di trading ogni volta che effettuano una transazione. Queste commissioni possono variare notevolmente a seconda del broker e del volume delle transazioni. Inoltre, alcuni broker addebitano anche costi di gestione del conto o commissioni annuali. Con l'avvento delle piattaforme di trading online, molte di queste commissioni sono state ridotte o eliminate, ma è comunque importante esaminare attentamente i costi associati prima di scegliere un broker.

Le obbligazioni comportano generalmente commissioni di intermediazione al momento dell'acquisto o della vendita. Inoltre, i fondi obbligazionari possono avere commissioni di gestione annuali, che variano in base alla complessità del fondo e alla strategia di investimento. È cruciale considerare il rapporto tra rendimento delle obbligazioni e i costi associati per assicurarsi che l'investimento sia vantaggioso.

I fondi comuni di investimento e gli ETF (Exchange-Traded Funds) offrono una diversificazione automatica ma comportano anche spese di gestione annuali note come expense ratio. I fondi a gestione attiva tendono ad avere spese di gestione più elevate rispetto ai fondi indicizzati passivi, poiché richiedono una gestione attiva da parte dei gestori di portafoglio. Gli ETF, spesso, hanno expense ratio più bassi rispetto ai fondi comuni tradizionali, rendendoli una scelta popolare per gli investitori che cercano di minimizzare i costi. È importante confrontare le spese di gestione tra diversi fondi per determinare quale offre il miglior rapporto qualità-prezzo.

Il peer-to-peer lending comporta anch'esso commissioni che variano in base alla piattaforma utilizzata. Queste commissioni possono includere spese di origination, che vengono addebitate al momento del prestito, e commissioni di servizio, che vengono addebitate periodicamente per la gestione del prestito. È fondamentale esaminare queste commissioni per capire come influenzeranno i rendimenti netti dell'investimento.

Le strategie di investimento alternative, come il crowdfunding immobiliare, possono comportare commissioni di piattaforma, spese di gestione del progetto e altre spese operative. Questi costi devono essere attentamente valutati rispetto ai potenziali rendimenti per assicurarsi che l'investimento sia redditizio.

Comprendere e confrontare i costi e le commissioni associati a diversi tipi di investimenti è un passo cruciale nella costruzione di un portafoglio bilanciato e redditizio. Le spese possono accumularsi nel tempo, riducendo significativamente i rendimenti complessivi. Gli investitori dovrebbero cercare di minimizzare i costi senza compromettere la qualità degli investimenti, optando per soluzioni che offrano un buon equilibrio tra spese e potenziale di rendimento.

Fornire risorse e strumenti per ricercare e analizzare le opportunità di investimento in modo efficace

Avere accesso a informazioni accurate e strumenti di analisi avanzati permette agli investitori di prendere decisioni informate, massimizzando i rendimenti e minimizzando i rischi. Esistono numerose risorse e strumenti disponibili che possono aiutare in questo processo, rendendo la ricerca e l'analisi degli investimenti più accessibili e comprensibili.

Una delle risorse fondamentali per la ricerca degli investimenti è rappresentata dalle piattaforme di ricerca finanziaria. Siti web come Morningstar, Yahoo Finance, Bloomberg e Reuters offrono una vasta gamma di informazioni su azioni, obbligazioni, fondi comuni di investimento ed ETF. Queste piattaforme forniscono dati dettagliati sulle performance storiche, analisi finanziarie, rapporti trimestrali, notizie di mercato e valutazioni degli analisti. Utilizzare queste risorse consente agli investitori di ottenere una panoramica completa delle potenziali opportunità di investimento e di confrontare diversi strumenti finanziari prima di prendere una decisione.

Un altro strumento cruciale per la ricerca degli investimenti è rappresentato dai software di analisi finanziaria. Programmi come Microsoft Excel, MetaStock e TradeStation permettono di effettuare analisi approfondite dei dati finanziari, creare modelli di previsione e simulare scenari di investimento. Questi strumenti offrono funzionalità avanzate per l'analisi tecnica e fondamentale, aiutando gli investitori a identificare tendenze di mercato, valutare la performance di specifici asset e prendere decisioni basate su dati concreti.

Le piattaforme di trading online, come E*TRADE, TD Ameritrade e Interactive Brokers, forniscono non solo la possibilità di effettuare transazioni, ma anche una vasta gamma di strumenti di ricerca e analisi. Queste piattaforme offrono grafici interattivi, indicatori tecnici, notizie in tempo reale e accesso a report di ricerca di analisti professionisti. Utilizzare queste piattaforme consente agli investitori di monitorare costantemente le proprie posizioni, effettuare ricerche dettagliate su nuovi investimenti e reagire rapidamente ai cambiamenti di mercato.

Oltre alle risorse digitali, le consulenze finanziarie professionali rappresentano un'importante risorsa per la ricerca degli investimenti. Un consulente finanziario esperto può fornire consigli personalizzati basati sulle esigenze e sugli obiettivi specifici dell'investitore. I consulenti finanziari utilizzano strumenti avanzati di analisi e hanno accesso a informazioni privilegiate che possono aiutare a identificare opportunità di investimento promettenti e a sviluppare strategie di gestione del portafoglio efficaci. Collaborare con un consulente finanziario può anche offrire un livello di sicurezza e tranquillità, sapendo che le decisioni di investimento sono supportate da una solida esperienza professionale.

Per chi preferisce un approccio autodidatta, i libri e i corsi online rappresentano un'eccellente risorsa per imparare a ricercare e analizzare gli investimenti. Testi classici come "The Intelligent Investor" di Benjamin Graham e "A Random Walk Down Wall Street" di Burton Malkiel offrono fondamentali concetti di investimento e strategie di analisi. Piattaforme educative come Coursera, Udemy e Khan Academy offrono corsi di finanza e investimento tenuti da esperti del settore, permettendo agli investitori di acquisire competenze pratiche e teoriche.

Enfatizzare l'importanza di rimanere aggiornati sugli ultimi trend di mercato e sulle modifiche normative

Essere aggiornati sui trend di mercato significa monitorare costantemente le tendenze economiche globali, le performance settoriali e le evoluzioni tecnologiche che possono influenzare i mercati. Ad esempio, l'adozione crescente delle tecnologie emergenti come l'intelligenza artificiale e la blockchain può aprire nuove opportunità di investimento in settori innovativi. Allo stesso tempo, i cambiamenti nelle politiche commerciali internazionali, come le tariffe o le sanzioni economiche, possono avere un impatto significativo su determinati settori e regioni geografiche. Mantenere una visione aggiornata di questi sviluppi aiuta gli investitori a identificare opportunità promettenti e a evitare aree di potenziale rischio.

Le modifiche normative rappresentano un altro aspetto cruciale da monitorare. Le normative finanziarie possono cambiare in risposta a eventi economici, cambiamenti politici o crisi finanziarie. Ad esempio, dopo la crisi finanziaria del 2008, molte giurisdizioni hanno introdotto nuove regole per migliorare la trasparenza e la stabilità del sistema finanziario. Queste modifiche possono influenzare direttamente gli investimenti, alterando i requisiti di conformità, le tasse o le possibilità di investimento in determinati prodotti finanziari. Essere informati sulle modifiche normative consente agli investitori di rimanere conformi alla legge e di adattare le loro strategie per sfruttare al meglio il nuovo contesto regolamentare.

Rimanere aggiornati richiede l'utilizzo di fonti di informazione affidabili e diversificate. Pubblicazioni finanziarie come The Wall Street Journal, Financial Times e Bloomberg offrono analisi approfondite e aggiornamenti quotidiani sui mercati globali. Le piattaforme di notizie economiche forniscono anche accesso a report di analisti e previsioni di mercato che possono aiutare a orientare le decisioni di investimento. Inoltre, seguire blog e podcast di esperti del settore può offrire approfondimenti unici e prospettive alternative che potrebbero non essere disponibili nei canali tradizionali.

Le tecnologie digitali hanno reso più facile che mai rimanere aggiornati. Le app finanziarie, i feed RSS e le newsletter elettroniche permettono di ricevere aggiornamenti in tempo reale direttamente sul proprio smartphone o computer. Strumenti come Google Alerts possono essere configurati per inviare notifiche sugli argomenti di interesse specifico, consentendo agli investitori di reagire rapidamente ai nuovi sviluppi.

Partecipare a conferenze, webinar e seminari finanziari è un altro modo efficace per rimanere informati. Questi eventi offrono l'opportunità di ascoltare esperti del settore, partecipare a discussioni e fare networking con altri professionisti. Gli eventi dal vivo possono fornire informazioni di prima mano sulle tendenze emergenti e sulle best practice di investimento.

Infine, collaborare con consulenti finanziari professionisti può aiutare a rimanere aggiornati sugli ultimi trend di mercato e sulle modifiche normative. I consulenti hanno accesso a risorse avanzate e informazioni privilegiate che possono aiutare a navigare in un panorama finanziario in continua evoluzione. Inoltre, i consulenti possono offrire una consulenza personalizzata, aiutando a interpretare come i cambiamenti di mercato e normativi possano influenzare specificamente il portafoglio di un investitore.

In conclusione, mantenersi aggiornati sulle tendenze di mercato e sulle modifiche normative è essenziale per una gestione efficace degli investimenti. Questo approccio proattivo consente agli investitori di adattare le loro strategie in modo tempestivo, sfruttare nuove opportunità e mitigare i rischi potenziali.

COSTRUIRE UN FLUSSO DI RENDITE PASSIVE

Creare un piano d'azione per generare rendite passive in modo graduale e costante

Questo approccio permette di costruire un flusso di reddito passivo che cresce nel tempo, riducendo la dipendenza dalle entrate attive e migliorando la stabilità finanziaria complessiva.

Il primo passo per sviluppare un piano d'azione efficace è valutare la propria situazione finanziaria attuale. Questo include analizzare le entrate, le spese, i risparmi e gli investimenti esistenti. Avere una visione chiara delle finanze personali permette di identificare quanto capitale è disponibile per iniziare a investire in attività che generano rendite passive. Inoltre, è importante stabilire quali sono gli obiettivi finanziari a lungo termine e come le rendite passive possono contribuire a raggiungerli.

Successivamente, è fondamentale educarsi sulle diverse strategie di investimento e sui veicoli che possono generare rendite passive. Queste possono includere investimenti immobiliari, azioni che pagano dividendi, obbligazioni, fondi comuni di investimento, ETF, peer-to-peer lending e business online come il dropshipping o il marketing di affiliazione. Ogni opzione ha i suoi vantaggi e rischi, e scegliere quelle più adatte al proprio profilo di rischio e alle proprie competenze è essenziale per il successo a lungo termine.

Una volta comprese le varie opzioni, il passo successivo è iniziare con piccoli investimenti graduali. Iniziare con una piccola porzione del capitale disponibile permette di testare diverse strategie senza esporre eccessivamente le finanze personali a rischi significativi. Questo approccio graduale consente anche di imparare e adattarsi man mano che si acquisisce esperienza. Ad esempio, un investitore potrebbe iniziare acquistando un ETF che replica un indice di mercato, per poi espandere gradualmente il portafoglio aggiungendo azioni che pagano dividendi o partecipando a piattaforme di peer-to-peer lending.

È importante monitorare costantemente le performance degli investimenti e fare aggiustamenti quando necessario. Questo include ribilanciare periodicamente il portafoglio per mantenere l'allocazione degli asset in linea con gli obiettivi e il profilo di rischio. Gli investitori dovrebbero anche rimanere aggiornati sulle tendenze di mercato e sulle modifiche normative che possono influenzare i loro investimenti.

Un altro elemento chiave di un piano d'azione efficace è il reinvestimento dei rendimenti. Riutilizzare i guadagni ottenuti dalle rendite passive per acquistare ulteriori asset che generano reddito permette di sfruttare l'effetto dell'interesse composto. Ad esempio, i dividendi ricevuti dalle azioni possono essere reinvestiti per acquistare altre azioni, aumentando così il flusso di rendite passive nel tempo.

Parallelamente, è utile diversificare le fonti di rendite passive. Affidarsi a una singola strategia può essere rischioso, quindi è consigliabile distribuire gli investimenti su diverse classi di asset e strumenti finanziari. Questa diversificazione aiuta a ridurre il rischio complessivo e a stabilizzare i flussi di reddito.

Infine, è essenziale mantenere la disciplina e la pazienza. Generare rendite passive è un processo a lungo termine che richiede tempo per costruire e maturare. È importante evitare decisioni impulsive basate su fluttuazioni di mercato a breve termine e mantenere una visione a lungo termine focalizzata sugli obiettivi finanziari prefissati.

Definire obiettivi di rendimento realistici e stabilire un calendario per raggiungerli

Questo processo implica una pianificazione accurata e una visione chiara di ciò che si desidera ottenere, nonché un impegno a seguire una strategia ben definita. Gli obiettivi di rendimento devono essere specifici, misurabili, raggiungibili, rilevanti e temporizzati (SMART), in modo da fornire una guida concreta e una motivazione costante.

Il primo passo nella definizione degli obiettivi di rendimento è valutare la propria situazione finanziaria attuale e comprendere cosa si intende per "rendimento realistico". Questo varia da persona a persona, a seconda del capitale iniziale disponibile, del livello di rischio accettabile e del tempo che si è disposti a dedicare alla gestione degli investimenti. Ad esempio, un obiettivo potrebbe essere quello di generare un reddito passivo mensile sufficiente a coprire le spese fisse entro cinque anni. Un altro potrebbe essere quello di accumulare un certo capitale attraverso rendite passive per finanziare un progetto a lungo termine, come l'acquisto di una casa o la pensione anticipata.

Una volta stabiliti gli obiettivi di rendimento, è importante suddividerli in tappe intermedie. Questo permette di monitorare i progressi e di fare aggiustamenti lungo il percorso. Ad esempio, se l'obiettivo è generare 2.000 euro al mese in rendite passive entro cinque anni, si potrebbe iniziare con obiettivi annuali incrementali, come generare 400 euro al mese entro il primo anno, 800 euro al mese entro il secondo anno, e così via. Queste tappe intermedie forniscono un senso di progresso e aiutano a mantenere la motivazione.

Stabilire un calendario per raggiungere gli obiettivi di rendimento è altrettanto importante. Un calendario dettagliato dovrebbe includere date specifiche per il raggiungimento di ciascuna tappa intermedia, nonché revisione periodiche per valutare i progressi e fare eventuali aggiustamenti. Ad esempio, si potrebbero programmare revisioni trimestrali per valutare la performance degli investimenti, apportare modifiche al portafoglio e rivedere gli obiettivi alla luce di nuove informazioni o cambiamenti di mercato.

Per implementare con successo un calendario di obiettivi, è utile utilizzare strumenti di gestione finanziaria, come fogli di calcolo, app di budgeting o software di gestione degli investimenti. Questi strumenti permettono di tracciare i progressi in tempo reale, fornendo una visione chiara di come i vari investimenti stanno contribuendo agli obiettivi di rendimento complessivi. Inoltre, offrono la possibilità di simulare scenari futuri, aiutando a prendere decisioni più informate.

È fondamentale rimanere flessibili e aperti a modifiche. Il mercato finanziario è dinamico e soggetto a cambiamenti imprevedibili. Essere pronti ad adattare la propria strategia in risposta a nuove opportunità o rischi emergenti è essenziale per il successo a lungo termine. Ad esempio, se un investimento specifico non sta performando come previsto, potrebbe essere necessario rivedere l'allocazione degli asset e considerare alternative più promettenti.

In sintesi, definire obiettivi di rendimento realistici e stabilire un calendario per raggiungerli è un processo strutturato che richiede una pianificazione attenta e un impegno continuo. Monitorare i progressi, rimanere flessibili e utilizzare strumenti di automazione e ottimizzazione sono passaggi fondamentali per garantire il successo nel generare rendite passive in modo graduale e costante.

Implementare strategie di automazione e ottimizzazione per massimizzare l'efficienza delle attività passive

L'automazione e l'ottimizzazione sono strumenti potenti che possono trasformare la gestione degli investimenti in un processo fluido e efficiente.

L'automazione degli investimenti è una delle prime strategie da considerare. Utilizzare piani di investimento automatici, come i piani di accumulo del capitale (PAC), permette di investire somme regolari di denaro in fondi comuni di investimento, ETF o altri strumenti finanziari senza dover intervenire manualmente ogni volta. Questo approccio non solo semplifica il processo di investimento, ma aiuta anche a mantenere la disciplina, evitando di cadere preda delle emozioni e delle fluttuazioni di mercato. Ad esempio, impostare un trasferimento automatico mensile dal conto corrente a un fondo indicizzato garantisce che si stia sempre investendo, indipendentemente dalle condizioni di mercato.

Un'altra forma di automazione è rappresentata dai robo-advisor. Questi servizi digitali utilizzano algoritmi avanzati per creare e gestire un portafoglio di investimenti personalizzato basato sul profilo di rischio e sugli obiettivi dell'investitore. I robo-advisor monitorano continuamente il portafoglio e ribilanciano gli asset quando necessario, assicurando che l'allocazione rimanga allineata agli obiettivi prefissati. Questo non solo riduce il carico di lavoro per l'investitore, ma offre anche un livello di gestione professionale a costi inferiori rispetto ai consulenti finanziari tradizionali.

L'ottimizzazione delle attività passive riguarda l'identificazione e l'eliminazione di inefficienze nel portafoglio per massimizzare i rendimenti netti. Un aspetto chiave dell'ottimizzazione è la riduzione dei costi di gestione e delle commissioni. Scegliere fondi e strumenti finanziari con expense ratio bassi può fare una grande differenza nei rendimenti a lungo termine.

Inoltre, è importante considerare le implicazioni fiscali degli investimenti e adottare strategie fiscali efficienti, come l'uso di conti esentasse o la gestione attiva delle perdite fiscali per ridurre l'impatto delle tasse sui guadagni di capitale.

Un'altra componente dell'ottimizzazione è il ribilanciamento periodico del portafoglio. Col passare del tempo, la performance differente delle varie classi di asset può alterare l'allocazione originale del portafoglio, aumentando il rischio complessivo. Ribilanciare periodicamente il portafoglio riportando le allocazioni ai livelli target aiuta a mantenere il profilo di rischio desiderato e a capitalizzare sui guadagni, vendendo asset che hanno sovraperformato e acquistando quelli che hanno sottoperformato.

L'uso di strumenti tecnologici avanzati può ulteriormente migliorare l'efficienza delle attività passive. Piattaforme di gestione degli investimenti, come Personal Capital o Mint, offrono dashboard intuitive che aggregano tutte le informazioni finanziarie in un unico luogo, fornendo una visione completa e dettagliata del portafoglio. Questi strumenti permettono di monitorare la performance, tracciare le spese, e identificare opportunità di risparmio e investimento in modo rapido e accurato.

Implementare strategie di automazione e ottimizzazione non solo rende la gestione delle attività passive più efficiente, ma permette anche di dedicare più tempo ad altre attività produttive o personali. Automatizzare il processo di investimento, ridurre i costi e mantenere il portafoglio ottimizzato sono passi essenziali per garantire che le rendite passive crescano in modo sostenibile e contribuiscano a raggiungere gli obiettivi finanziari a lungo termine.

Gestire efficacemente il flusso di cassa generato dalle rendite passive e reinvestire per una crescita a lungo termine

Questo processo richiede una strategia ben definita che permetta di utilizzare i guadagni in modo ottimale, garantendo che ogni euro guadagnato contribuisca a costruire ulteriori flussi di reddito passivo e a raggiungere gli obiettivi finanziari prefissati.

Il primo passo nella gestione del flusso di cassa è monitorare attentamente le entrate generate dalle rendite passive. Queste possono provenire da varie fonti, come dividendi azionari, interessi su obbligazioni, affitti immobiliari e guadagni derivanti da attività online. È importante tenere traccia di tutte queste entrate in modo dettagliato, utilizzando strumenti come fogli di calcolo o software di gestione finanziaria. Questo permette di avere una visione chiara delle somme disponibili per il reinvestimento e di pianificare con precisione le strategie future.

Una volta identificato il flusso di cassa, è necessario determinare come allocare questi fondi in modo efficiente. Una strategia efficace è il reinvestimento automatico dei dividendi e degli interessi. Molti broker offrono piani di reinvestimento automatico dei dividendi (DRIP), che permettono di reinvestire i dividendi ricevuti nell'acquisto di ulteriori azioni della stessa società senza incorrere in commissioni di transazione. Questo approccio sfrutta l'effetto dell'interesse composto, aumentando progressivamente la quantità di azioni possedute e, di conseguenza, i futuri flussi di dividendi.

Per quanto riguarda gli affitti immobiliari, è importante utilizzare il reddito generato per coprire eventuali spese di manutenzione, migliorare le proprietà e ridurre il debito ipotecario. Dopo aver coperto queste necessità, i fondi rimanenti possono essere reinvestiti in nuovi immobili o in altri strumenti finanziari che generano rendite passive. Diversificare le fonti di reddito aiuta a mitigare i rischi e a stabilizzare il flusso di cassa complessivo.

Un altro aspetto cruciale è la gestione delle imposte sul reddito generato dalle rendite passive. Comprendere le implicazioni fiscali dei diversi tipi di reddito e sfruttare le agevolazioni fiscali disponibili può aiutare a ridurre l'onere fiscale e aumentare i rendimenti netti. Ad esempio, i conti di risparmio esentasse o i conti pensionistici possono offrire vantaggi fiscali significativi. Consultare un consulente fiscale può essere utile per ottimizzare la gestione fiscale del flusso di cassa.

Reinvestire in modo strategico implica anche la diversificazione degli investimenti. Allocare i fondi disponibili in una varietà di asset, come azioni, obbligazioni, immobili e attività digitali, aiuta a bilanciare il rischio e a stabilizzare i rendimenti. La revisione periodica del portafoglio e il ribilanciamento degli asset sono pratiche essenziali per mantenere l'allocazione desiderata e adattarsi alle condizioni di mercato mutevoli.

Gestire il flusso di cassa significa anche prepararsi per eventuali spese future e imprevisti. Mantenere un fondo di emergenza adeguato garantisce che si possa far fronte a imprevisti senza dover liquidare investimenti a lungo termine. Una pianificazione attenta delle spese e degli investimenti aiuta a mantenere la stabilità finanziaria e a garantire una crescita sostenibile del portafoglio.

Adattare il proprio piano di rendite passive in base a vari fattori

Le condizioni di mercato, le normative fiscali e le esigenze personali sono in continua evoluzione, e un piano di rendite passive efficace deve essere in grado di rispondere a questi cambiamenti. Questa capacità di adattamento garantisce che gli investimenti continuino a generare flussi di reddito stabili e crescenti, anche di fronte a nuove sfide e opportunità.

Uno dei principali fattori da considerare è l'andamento del mercato finanziario. Le fluttuazioni del mercato possono influenzare significativamente il valore degli investimenti e i rendimenti delle rendite passive. Ad esempio, un calo del mercato azionario può ridurre temporaneamente i dividendi delle azioni o il valore degli ETF. In queste situazioni, è importante non prendere decisioni affrettate basate sulle emozioni. Un portafoglio ben diversificato e una strategia di investimento a lungo termine possono aiutare a superare i periodi di volatilità. Tuttavia, potrebbe essere necessario rivedere l'allocazione degli asset e ribilanciare il portafoglio per assicurarsi che rimanga allineato con gli obiettivi di rischio e rendimento.

Le modifiche normative, in particolare quelle fiscali, possono avere un impatto significativo sulle rendite passive. Cambiamenti nelle leggi fiscali possono alterare la convenienza di determinati investimenti o influire sulle imposte sul reddito da capitale e sui dividendi. È fondamentale rimanere informati su queste modifiche e consultare esperti fiscali per adattare il piano di investimento in modo da ottimizzare i benefici fiscali. Ad esempio, se le aliquote fiscali sui dividendi aumentano, potrebbe essere opportuno spostare una parte del portafoglio verso investimenti che offrono vantaggi fiscali, come conti di risparmio esentasse o obbligazioni municipali.

Le esigenze personali e gli obiettivi finanziari possono cambiare nel tempo, richiedendo un adeguamento del piano di rendite passive. Eventi della vita come il matrimonio, la nascita di un figlio, l'acquisto di una casa o la preparazione per la pensione possono influenzare le priorità finanziarie e la tolleranza al rischio. È importante rivedere regolarmente il piano di investimento per assicurarsi che rispecchi le nuove realtà personali. Ad esempio, avvicinandosi alla pensione, potrebbe essere prudente ridurre l'esposizione ad asset volatili e aumentare gli investimenti in strumenti a reddito fisso più stabili.

La tecnologia e le innovazioni nel settore finanziario offrono nuove opportunità per ottimizzare il piano di rendite passive. Strumenti digitali avanzati, come robo-advisor, piattaforme di trading online e app di gestione finanziaria, possono facilitare il monitoraggio degli investimenti e l'implementazione di strategie di ribilanciamento automatico. Adottare queste tecnologie può migliorare l'efficienza della gestione del portafoglio e ridurre il tempo necessario per monitorare e adattare gli investimenti.

Infine, è cruciale mantenere una mentalità aperta e continuare a educarsi sulle migliori pratiche di investimento e sulle nuove opportunità di mercato. Partecipare a seminari finanziari, leggere libri e articoli sul tema e seguire esperti del settore possono offrire preziose informazioni per migliorare e adattare il proprio piano di rendite passive. La formazione continua permette di anticipare i cambiamenti e di prendere decisioni informate, mantenendo il portafoglio allineato con gli obiettivi a lungo termine.

PROTEGGERE IL TUO PATRIMONIO

Evidenziare l'importanza di diversificare le proprie fonti di rendite passive per ridurre il rischio

Diversificare le proprie fonti di rendite passive è una strategia cruciale per ridurre il rischio e garantire la stabilità finanziaria a lungo termine. La diversificazione permette di distribuire il capitale tra vari tipi di investimenti e fonti di reddito, minimizzando l'impatto negativo che potrebbe derivare dalle fluttuazioni di mercato o dalle performance inadeguate di un singolo investimento. Questa pratica non solo protegge il portafoglio da perdite significative, ma ottimizza anche le opportunità di rendimento attraverso diverse condizioni economiche.

In primo luogo, diversificare le rendite passive significa investire in diverse classi di asset. Ogni classe di asset, come azioni, obbligazioni, immobili e strumenti digitali, reagisce in modo diverso alle condizioni di mercato. Le azioni, ad esempio, possono offrire alti rendimenti ma sono anche soggette a maggiore volatilità. Le obbligazioni, invece, tendono a essere più stabili, offrendo rendimenti costanti, ma generalmente più bassi. Gli investimenti immobiliari possono fornire un flusso di reddito regolare attraverso gli affitti, oltre al potenziale di apprezzamento del capitale. Diversificando tra queste classi di asset, un investitore può bilanciare i rischi e migliorare la resilienza complessiva del portafoglio.

Un altro importante aspetto della diversificazione è l'inclusione di fonti di reddito passivo digitali, come il marketing di affiliazione, la creazione di contenuti online e la vendita di prodotti digitali. Queste attività possono generare redditi costanti con un investimento iniziale relativamente basso e non sono direttamente influenzate dalle stesse dinamiche di mercato che colpiscono gli investimenti tradizionali. La creazione di un blog di successo, di un canale YouTube o di un corso online può offrire rendimenti continui, diversificando ulteriormente le fonti di reddito e riducendo la dipendenza da mercati volatili.

Diversificare le rendite passive può anche significare investire in strumenti finanziari alternativi come il peer-to-peer lending e il crowdfunding immobiliare. Questi strumenti offrono rendimenti potenzialmente elevati e consentono di accedere a opportunità di investimento uniche. Tuttavia, comportano anche rischi specifici, come la solvibilità dei debitori nel caso del peer-to-peer lending o il successo dei progetti finanziati nel caso del crowdfunding immobiliare. Integrare questi investimenti con asset più tradizionali aiuta a bilanciare il portafoglio, sfruttando i rendimenti elevati delle nuove opportunità pur mantenendo una base solida e stabile.

La diversificazione geografica è un ulteriore elemento chiave. Investire in mercati internazionali permette di proteggersi contro le fluttuazioni economiche e politiche locali, offrendo accesso a economie emergenti con alto potenziale di crescita. Ad esempio, mentre un portafoglio concentrato esclusivamente in azioni statunitensi potrebbe essere vulnerabile a specifici rischi economici e politici degli Stati Uniti, un portafoglio diversificato che include azioni europee, asiatiche e dei mercati emergenti può beneficiare delle diverse dinamiche di crescita economica globale. Tuttavia, è importante essere consapevoli dei rischi legati alle variazioni dei tassi di cambio e alle instabilità politiche nei mercati internazionali.

In sintesi, diversificare le fonti di rendite passive è fondamentale per ridurre il rischio e garantire una crescita stabile e sostenibile del portafoglio. Distribuire gli investimenti tra varie classi di asset, includere fonti di reddito digitale, sfruttare strumenti finanziari alternativi e diversificare geograficamente crea una solida base finanziaria capace di resistere alle turbolenze di mercato e di cogliere le opportunità di rendimento offerte da diverse condizioni economiche.

Discutere di strategie di copertura del rischio come l'assicurazione e la gestione del rischio

La copertura del rischio attraverso strumenti assicurativi e una gestione attenta dei rischi rappresentano componenti essenziali di una pianificazione finanziaria completa e resiliente.

L'assicurazione è uno degli strumenti principali per coprire i rischi finanziari. Esistono diversi tipi di polizze assicurative che possono proteggere contro varie eventualità. Ad esempio, l'assicurazione sulla vita è essenziale per garantire che i propri cari siano finanziariamente protetti in caso di morte prematura. Questa polizza fornisce un capitale ai beneficiari designati, aiutandoli a coprire le spese immediate e a mantenere il tenore di vita. L'assicurazione sanitaria è un'altra forma cruciale di protezione, coprendo i costi delle cure mediche e prevenendo che spese sanitarie elevate possano erodere i risparmi personali.

L'assicurazione sulla proprietà, come quella per la casa e l'auto, protegge contro perdite finanziarie derivanti da danni materiali o furti. Queste polizze offrono una rete di sicurezza che consente di riparare o sostituire beni costosi senza compromettere il bilancio familiare. L'assicurazione contro la responsabilità civile, sia personale che professionale, è altrettanto importante, poiché copre i danni causati a terzi e protegge contro eventuali azioni legali che potrebbero avere conseguenze finanziarie significative.

Oltre alle assicurazioni, la gestione del rischio è un processo continuo che prevede l'identificazione, l'analisi e la mitigazione dei rischi finanziari. Una gestione efficace del rischio inizia con una valutazione approfondita delle potenziali minacce che potrebbero influenzare gli investimenti e il patrimonio. Questa valutazione comprende l'analisi del rischio di mercato, del rischio di credito, del rischio operativo e del rischio di liquidità. Ad esempio, il rischio di mercato riguarda le fluttuazioni nei prezzi degli asset, mentre il rischio di credito è legato alla possibilità che una controparte non adempia ai propri obblighi finanziari.

Una volta identificati i rischi, è importante sviluppare strategie per mitigare questi rischi. La diversificazione del portafoglio è una delle tecniche più efficaci per ridurre il rischio di mercato. Distribuire gli investimenti tra diverse classi di asset, settori e aree geografiche può limitare l'impatto negativo di una singola asset class o regione. Anche l'uso di strumenti derivati, come opzioni e futures, può aiutare a proteggere contro le fluttuazioni di prezzo e a gestire il rischio.

Un'altra strategia di gestione del rischio è mantenere un fondo di emergenza adeguato. Questo fondo dovrebbe essere sufficiente a coprire almeno tre-sei mesi di spese correnti, offrendo una riserva di liquidità in caso di imprevisti, come la perdita del lavoro o spese mediche inattese. Avere un fondo di emergenza riduce la necessità di liquidare investimenti a lungo termine in momenti sfavorevoli, preservando così il valore del portafoglio.

È anche essenziale rivedere periodicamente le strategie di copertura del rischio e le polizze assicurative per assicurarsi che continuino a soddisfare le proprie esigenze. Le circostanze personali e finanziarie possono cambiare nel tempo, e le strategie di gestione del rischio devono essere adattate di conseguenza. Consultare un consulente finanziario può essere utile per valutare la copertura assicurativa e le strategie di gestione del rischio, garantendo che siano allineate con gli obiettivi finanziari a lungo termine.

Introdurre concetti di pianificazione finanziaria e testamenti per proteggere i propri cari

La pianificazione finanziaria non solo aiuta a raggiungere obiettivi finanziari personali, ma garantisce anche che i propri beni siano distribuiti secondo le proprie volontà e che i familiari siano adeguatamente protetti in caso di imprevisti.

La pianificazione finanziaria inizia con una valutazione approfondita delle proprie finanze attuali, compresi reddito, spese, risparmi, investimenti e debiti. Stabilire obiettivi finanziari chiari e realistici è il passo successivo. Questi obiettivi possono includere l'acquisto di una casa, l'educazione dei figli, la pensione e la creazione di un fondo di emergenza. Una volta stabiliti gli obiettivi, è importante sviluppare una strategia per raggiungerli, che può comprendere risparmio, investimenti e gestione del debito.

Un aspetto cruciale della pianificazione finanziaria è la protezione del proprio patrimonio attraverso strumenti assicurativi adeguati. L'assicurazione sulla vita, l'assicurazione sanitaria, l'assicurazione sulla proprietà e l'assicurazione contro la responsabilità civile sono essenziali per garantire che i propri cari non debbano affrontare difficoltà finanziarie in caso di eventi imprevisti. Queste polizze forniscono una rete di sicurezza finanziaria che protegge contro le perdite significative.

La pianificazione patrimoniale, inclusa la redazione di un testamento, è un altro elemento chiave per proteggere i propri cari. Un testamento è un documento legale che specifica come i propri beni devono essere distribuiti dopo la morte. Senza un testamento, i beni possono essere distribuiti secondo le leggi statali, che potrebbero non rispecchiare le proprie volontà. Redigere un testamento garantisce che i beni siano trasferiti ai beneficiari desiderati, minimizzando le potenziali controversie familiari.

Oltre al testamento, altri strumenti di pianificazione patrimoniale includono i trust, le procure e le direttive anticipate. I trust possono offrire vantaggi significativi in termini di protezione del patrimonio, gestione fiscale e riservatezza. Una procura è un documento che nomina una persona di fiducia per prendere decisioni finanziarie e legali in caso di incapacità. Le direttive anticipate, come il testamento biologico, specificano le proprie preferenze riguardo alle cure mediche in caso di incapacità.

È importante rivedere regolarmente il proprio piano patrimoniale per assicurarsi che rimanga aggiornato e rispecchi le proprie volontà e circostanze attuali. Le situazioni personali e finanziarie possono cambiare nel tempo, rendendo necessarie modifiche al testamento, ai trust e alle altre disposizioni legali. Consultare un avvocato specializzato in diritto patrimoniale può essere utile per garantire che il piano sia completo e conforme alle leggi vigenti.

In sintesi, introdurre concetti di pianificazione finanziaria e testamenti per proteggere i propri cari è un passaggio fondamentale nella gestione patrimoniale. Questa pianificazione non solo aiuta a raggiungere gli obiettivi finanziari personali, ma garantisce anche che i propri beni siano distribuiti secondo le proprie volontà e che i familiari siano protetti. Proseguendo, la protezione del patrimonio attraverso la prevenzione delle frodi è altrettanto cruciale per mantenere la sicurezza finanziaria e garantire una gestione oculata del patrimonio accumulato durante la vita.

Fornire consigli per tutelare i propri beni e le proprie risorse da frodi e truffe

Le frodi finanziarie possono assumere molte forme, dal furto di identità alle truffe di investimento, e possono avere conseguenze devastanti. Adottare misure preventive e rimanere vigili è essenziale per evitare di cadere vittima di queste attività fraudolente.

Il primo passo per proteggere i propri beni è l'educazione. Comprendere le diverse tipologie di frodi e truffe è cruciale per riconoscere i segnali di allarme e agire tempestivamente. Alcune delle frodi più comuni includono il phishing, il furto di identità, gli schemi Ponzi e le truffe di investimento. Il phishing è una tecnica utilizzata per ottenere informazioni personali e finanziarie inviando email o messaggi ingannevoli che sembrano provenire da fonti affidabili. È importante non cliccare su link sospetti e non fornire informazioni personali tramite email o messaggi non verificati.

Il furto di identità è un'altra minaccia significativa. I truffatori possono utilizzare informazioni personali, come numeri di previdenza sociale, numeri di carte di credito e altre informazioni sensibili, per aprire conti bancari, ottenere prestiti o fare acquisti fraudolenti. Per proteggersi, è essenziale mantenere sicure le proprie informazioni personali, utilizzare password forti e uniche per ogni account e monitorare regolarmente i propri rapporti di credito. Attivare avvisi di frode e blocchi di credito presso le agenzie di credito può fornire un ulteriore livello di protezione.

Gli schemi Ponzi e le truffe di investimento promettono spesso rendimenti elevati con pochi o nessun rischio. È importante diffidare di qualsiasi opportunità di investimento che sembra troppo bella per essere vera. Fare ricerche approfondite, verificare le credenziali dei promotori di investimento e consultare consulenti finanziari indipendenti sono passaggi cruciali per evitare queste truffe. Inoltre, è consigliabile investire solo con istituzioni finanziarie regolamentate e conosciute.

Un'altra strategia per proteggere i propri beni è l'uso di strumenti tecnologici avanzati. L'installazione di software antivirus e antispyware, l'utilizzo di firewall e la crittografia dei dati personali possono proteggere i dispositivi da attacchi informatici. Le autenticazioni a due fattori (2FA) offrono un ulteriore livello di sicurezza, richiedendo una seconda forma di verifica oltre alla password. Anche l'adozione di servizi di monitoraggio del credito e delle frodi può aiutare a rilevare attività sospette e a rispondere rapidamente in caso di violazioni.

Inoltre, è importante mantenere una buona gestione finanziaria e operare con prudenza. Tenere traccia delle transazioni bancarie e delle carte di credito, rivedere regolarmente gli estratti conto e segnalare immediatamente eventuali attività sospette sono pratiche essenziali. Limitare la quantità di informazioni personali condivise online e utilizzare reti sicure, soprattutto quando si accede a conti finanziari, sono altrettanto cruciali.

Rimanere informati su leggi e normative che potrebbero influenzare il patrimonio e le rendite passive

Le leggi fiscali, le regolamentazioni finanziarie e le normative sulla proprietà possono avere un impatto significativo sulla gestione del patrimonio e sulle strategie di generazione di reddito passivo. Essere aggiornati su questi cambiamenti normativi permette di prendere decisioni informate, evitare sanzioni e ottimizzare le opportunità di rendimento.

In primo luogo, le leggi fiscali giocano un ruolo cruciale nella gestione delle rendite passive. Le aliquote fiscali sui dividendi, sugli interessi e sui guadagni di capitale possono variare nel tempo, influenzando il rendimento netto degli investimenti. È importante comprendere le attuali normative fiscali e le possibili modifiche che potrebbero essere introdotte. Ad esempio, un cambiamento nelle aliquote fiscali sui dividendi può rendere più o meno conveniente investire in azioni che distribuiscono dividendi. Consultare un consulente fiscale può aiutare a pianificare in modo efficace, sfruttando le deduzioni fiscali, i crediti e le strategie di differimento delle imposte.

Le regolamentazioni finanziarie, come quelle relative agli investimenti e ai mercati, sono altrettanto importanti. Queste regolamentazioni possono influenzare la disponibilità e la gestione di diversi strumenti finanziari.

Ad esempio, le normative che regolano i conti pensionistici e i fondi comuni di investimento possono cambiare, influenzando le strategie di investimento a lungo termine. Tenersi informati sulle modifiche normative attraverso fonti affidabili come pubblicazioni finanziarie, siti web governativi e consulenti finanziari è fondamentale per adattarsi rapidamente ai nuovi requisiti.

La normativa sulla proprietà è un altro ambito che può influenzare il patrimonio e le rendite passive, specialmente per gli investimenti immobiliari. Le leggi sull'affitto, le regolamentazioni edilizie e le tasse sulla proprietà possono avere un impatto significativo sui rendimenti degli investimenti immobiliari. Ad esempio, nuove regolamentazioni che limitano gli affitti a breve termine o aumentano le tasse sulla proprietà possono ridurre i profitti derivanti dagli immobili in affitto. Essere a conoscenza di queste leggi e normative permette di adattare le strategie di investimento immobiliare e di massimizzare i rendimenti.

Inoltre, le normative internazionali possono influenzare gli investimenti globali. Gli investitori che diversificano il loro portafoglio su scala globale devono tenere conto delle leggi fiscali internazionali, delle regolamentazioni sui mercati esteri e delle politiche commerciali. Ad esempio, le modifiche nelle politiche tariffarie o nelle regolamentazioni sui capitali possono influenzare i rendimenti degli investimenti in mercati emergenti. Collaborare con consulenti esperti in investimenti internazionali può aiutare a navigare in questo complesso panorama normativo.

Rimanere aggiornati sulle leggi e normative richiede un approccio proattivo e continuo. Iscriversi a newsletter finanziarie, partecipare a seminari e workshop, e seguire blog e podcast di esperti sono ottimi modi per rimanere informati. Inoltre, utilizzare strumenti di monitoraggio delle normative, come avvisi e notifiche da fonti governative e regolatorie, può fornire aggiornamenti tempestivi su cambiamenti rilevanti.

Questo approccio non solo protegge il patrimonio, ma permette anche di cogliere nuove opportunità di investimento che emergono con il cambiamento delle leggi e delle regolamentazioni. Integrando queste considerazioni nella strategia complessiva di gestione del patrimonio, gli investitori possono garantire che il loro piano finanziario rimanga robusto e resiliente, capace di adattarsi alle sfide e di sfruttare le opportunità offerte dal panorama normativo in evoluzione.

RAGGIUNGERE L'INDIPENDENZA FINANZIARIA

Definire l'indipendenza finanziaria e i suoi benefici in termini di libertà e realizzazione personale

L'indipendenza finanziaria si riferisce a una condizione in cui una persona ha accumulato sufficienti risorse e flussi di reddito passivo tali da coprire tutte le proprie spese senza dover lavorare attivamente per guadagnarsi da vivere. Questo stato permette di avere il controllo completo sulle proprie finanze e, di conseguenza, sulla propria vita.

Uno dei principali benefici dell'indipendenza finanziaria è la libertà. Con le risorse finanziarie adeguate, non si è più vincolati a un lavoro specifico solo per sostenersi economicamente. Questa libertà permette di scegliere come spendere il proprio tempo, sia dedicandosi a passioni personali, viaggiando, intraprendendo nuove avventure imprenditoriali o trascorrendo più tempo con la famiglia e gli amici. La libertà finanziaria offre la possibilità di vivere una vita più appagante e significativa, senza le pressioni e lo stress legati alle preoccupazioni economiche quotidiane.

Un altro beneficio significativo dell'indipendenza finanziaria è la sicurezza. Avere un solido patrimonio finanziario e fonti di reddito passivo garantisce una stabilità economica anche in caso di imprevisti, come la perdita del lavoro, problemi di salute o altre emergenze. Questa sicurezza permette di affrontare le sfide della vita con maggiore tranquillità, sapendo di avere le risorse necessarie per superare eventuali difficoltà. La sicurezza finanziaria riduce l'ansia e lo stress legati alle incertezze economiche, migliorando complessivamente la qualità della vita.

L'indipendenza finanziaria offre anche la possibilità di perseguire la realizzazione personale. Essere finanziariamente indipendenti permette di esplorare nuove opportunità e di seguire le proprie passioni senza le restrizioni imposte dalle necessità economiche. Questo può significare avviare un proprio business, impegnarsi in attività di volontariato, approfondire studi e formazione o dedicarsi a hobby e interessi personali. La realizzazione personale raggiunta attraverso l'indipendenza finanziaria contribuisce a una maggiore soddisfazione e felicità nella vita quotidiana.

Oltre alla libertà, sicurezza e realizzazione personale, l'indipendenza finanziaria consente di fare scelte finanziarie più consapevoli e strategiche. Quando non si è sotto pressione per generare reddito immediato, si possono prendere decisioni di investimento più ponderate, con un focus sul lungo termine. Questo approccio consente di costruire e preservare la ricchezza in modo più efficace, sfruttando appieno il potere dell'interesse composto e delle strategie di investimento a lungo termine.

L'indipendenza finanziaria permette anche di lasciare un'eredità significativa. Essere in una posizione finanziaria solida consente di pianificare la distribuzione del proprio patrimonio ai propri cari o a cause che stanno a cuore. Questo può includere la creazione di trust, donazioni a enti di beneficenza o il finanziamento dell'educazione dei propri figli o nipoti. Lasciare un'eredità non è solo una questione di denaro, ma di impatto duraturo e di contributo al benessere delle generazioni future.

Calcolare il proprio "numero magico" per raggiungere l'indipendenza finanziaria

Questo numero rappresenta la somma totale di denaro necessaria per coprire tutte le spese di vita attraverso rendite passive, senza la necessità di lavorare attivamente. Determinare il proprio numero magico richiede una valutazione dettagliata delle spese attuali e future, dei potenziali rendimenti degli investimenti e di altri fattori rilevanti.

Il primo passo per calcolare il proprio numero magico è comprendere e quantificare le spese annuali. Questo include tutte le spese fisse e variabili, come l'affitto o il mutuo, le bollette, il cibo, i trasporti, le spese sanitarie, l'intrattenimento, i viaggi e qualsiasi altro costo che si prevede di sostenere regolarmente. È utile esaminare i propri estratti conto bancari e delle carte di credito per ottenere una visione chiara e precisa delle spese mensili e annuali. Questo esercizio permette di avere una base di partenza realistica su cui lavorare.

Una volta determinato il totale delle spese annuali, è necessario considerare l'inflazione. L'inflazione riduce il potere d'acquisto del denaro nel tempo, quindi è importante includere un tasso di inflazione previsto nel calcolo. Un tasso di inflazione medio storico del 2-3% può essere utilizzato come riferimento, ma è possibile adattarlo in base alle previsioni economiche e alle condizioni specifiche. Aggiungere l'inflazione aiuta a garantire che il numero magico sia adeguato a mantenere lo stesso standard di vita anche in futuro.

Il passo successivo è determinare il tasso di prelievo sicuro, cioè la percentuale del portafoglio di investimenti che si può ritirare annualmente senza esaurire i fondi. Un tasso di prelievo comunemente accettato è il 4%, basato sulla Regola del 4%, che suggerisce che un portafoglio ben diversificato può sostenere prelievi annuali del 4% per un periodo prolungato, mantenendo comunque una crescita sufficiente per coprire l'inflazione. Questo tasso può variare in base alla tolleranza al rischio individuale, alla composizione del portafoglio e alle condizioni di mercato.

Con queste informazioni, il numero magico può essere calcolato dividendo le spese annuali (aggiustate per l'inflazione) per il tasso di prelievo sicuro. Ad esempio, se le spese annuali sono di 40.000 euro e il tasso di prelievo sicuro è del 4%, il numero magico sarà 40.000 euro diviso per 0.04, che equivale a 1.000.000 euro. Questo significa che, per sostenere uno stile di vita con spese annuali di

40.000 euro, sarà necessario un portafoglio di investimenti di 1.000.000 euro.

È anche importante considerare eventuali fonti di reddito aggiuntive, come pensioni, affitti immobiliari, dividendi o altri redditi passivi che potrebbero contribuire a coprire le spese. Questi redditi possono ridurre il numero magico complessivo, poiché forniscono ulteriori flussi di cassa che diminuiscono la necessità di prelievi dal portafoglio principale.

Creare un piano dettagliato per raggiungere l'indipendenza finanziaria, definendo obiettivi di risparmio e investimento

Questo piano deve essere strutturato e metodico, con obiettivi chiari e tappe intermedie che guidino lungo il percorso verso l'indipendenza finanziaria.

Il primo passo nel creare un piano dettagliato è stabilire obiettivi di risparmio realistici e misurabili. Questi obiettivi devono essere specifici e basati su una valutazione accurata delle spese attuali e future. Per cominciare, è utile analizzare le proprie finanze per identificare le aree in cui è possibile risparmiare. Questo potrebbe includere ridurre le spese superflue, negoziare migliori tariffe per servizi essenziali o adottare abitudini di spesa più parsimoniose. Un obiettivo di risparmio efficace deve essere raggiungibile e adattato alle proprie capacità finanziarie.

Una volta stabiliti gli obiettivi di risparmio, è importante sviluppare una strategia di investimento che permetta di far crescere il capitale nel tempo. La diversificazione è un principio fondamentale per ridurre il rischio e massimizzare i rendimenti. Un portafoglio ben bilanciato dovrebbe includere una combinazione di azioni, obbligazioni, fondi comuni di investimento, ETF e altri strumenti finanziari. Ogni investimento deve essere scelto in base al proprio profilo di rischio e agli obiettivi di lungo termine.

L'allocazione degli asset è un altro aspetto cruciale della strategia di investimento. Determinare la percentuale del portafoglio da destinare a ciascuna classe di asset aiuta a bilanciare il rischio e a garantire una crescita sostenibile. Ad esempio, gli investitori più giovani con un orizzonte temporale lungo potrebbero optare per una maggiore esposizione alle azioni, mentre quelli più vicini alla pensione potrebbero preferire un portafoglio più conservativo, con una maggiore allocazione alle obbligazioni.

È inoltre fondamentale impostare un piano di accumulo del capitale (PAC) automatizzato, che preveda investimenti regolari e periodici. Questo approccio non solo facilita la disciplina nell'investimento, ma sfrutta anche il potere dell'interesse composto. Investire somme costanti a intervalli regolari permette di mediare i costi d'acquisto nel tempo e di ridurre l'impatto delle fluttuazioni di mercato.

Per monitorare i progressi verso l'indipendenza finanziaria, è utile suddividere il piano in tappe intermedie. Queste tappe fungono da punti di controllo per valutare l'efficacia del piano e apportare eventuali aggiustamenti. Ad esempio, si possono stabilire obiettivi annuali di risparmio e investimento, con revisioni trimestrali per monitorare i progressi e rivedere la strategia, se necessario. Questo approccio dinamico permette di adattarsi ai cambiamenti nelle circostanze personali e nelle condizioni di mercato.

Un altro elemento chiave è l'educazione finanziaria continua. Mantenersi aggiornati sulle migliori pratiche di investimento, sulle tendenze di mercato e sulle nuove opportunità di investimento è essenziale per ottimizzare il piano finanziario. Partecipare a seminari, leggere libri e seguire esperti del settore possono fornire preziose informazioni e strumenti per affinare la propria strategia.

Infine, è importante considerare le implicazioni fiscali degli investimenti. Ottimizzare la gestione fiscale del portafoglio può aumentare significativamente i rendimenti netti. Utilizzare conti di risparmio esentasse, come i conti pensionistici, e adottare strategie di differimento delle imposte sono approcci efficaci per ridurre l'onere fiscale.

ERRORI COMUNI DA EVITARE

Identificare gli errori più comuni che le persone commettono quando investono o cercano di generare rendite passive

Questi errori spesso derivano da una combinazione di mancanza di conoscenza, decisioni emotive e pianificazione insufficiente. Riconoscerli e comprenderli permette di adottare strategie più efficaci e consapevoli.

Uno degli errori più comuni è la mancanza di diversificazione. Molti investitori concentrano troppo i loro investimenti in un singolo asset, settore o mercato. Questa mancanza di diversificazione aumenta il rischio, poiché una fluttuazione negativa in un singolo investimento può avere un impatto significativo sull'intero portafoglio. Ad esempio, investire una grande quantità di capitale solo in azioni di una singola azienda può essere molto rischioso se l'azienda affronta problemi finanziari. La diversificazione tra diverse classi di asset, settori e aree geografiche può mitigare questo rischio e stabilizzare i rendimenti.

Un altro errore frequente è cercare di fare market timing, ossia tentare di prevedere i movimenti del mercato per comprare a prezzi bassi e vendere a prezzi alti. Questo approccio è estremamente difficile da attuare con successo e spesso porta a perdite. Anche gli investitori professionisti trovano difficile prevedere con precisione i movimenti del mercato. Invece di tentare di fare market timing, è più efficace adottare una strategia di investimento a lungo termine e mantenere la disciplina, investendo regolarmente e rimanendo investiti attraverso le fluttuazioni del mercato.

Molte persone commettono anche l'errore di non fare una ricerca approfondita prima di investire. Affidarsi a consigli non verificati, seguire la moda del momento o prendere decisioni basate su informazioni incomplete può portare a scelte di investimento sbagliate. È essenziale dedicare tempo a studiare e comprendere le opportunità di investimento, analizzare le performance passate e le prospettive future degli asset in cui si intende investire, e valutare i rischi associati.

Un altro errore significativo è non avere un piano di investimento chiaro. Senza un piano dettagliato, è facile prendere decisioni impulsive che possono danneggiare la crescita del portafoglio. Un piano di investimento deve includere obiettivi chiari, strategie di allocazione degli asset, tempi di investimento e criteri per ribilanciare il portafoglio. Avere un piano aiuta a mantenere la rotta e a prendere decisioni informate basate su dati e analisi piuttosto che su emozioni.

L'eccessiva reazione alle fluttuazioni di mercato è un altro errore comune. Molti investitori vendono i loro asset in risposta a cali di mercato, temendo ulteriori perdite. Questo comportamento può portare a realizzare perdite che avrebbero potuto essere recuperate se avessero mantenuto gli investimenti. È importante rimanere calmi durante le turbolenze di mercato e mantenere una prospettiva a lungo termine.

Infine, sottovalutare l'importanza dei costi associati agli investimenti è un errore che può erodere i rendimenti nel tempo. Commissioni di gestione elevate, spese di transazione e tasse possono avere un impatto significativo sui guadagni netti. Gli investitori devono essere consapevoli di questi costi e cercare soluzioni di investimento efficienti dal punto di vista dei costi, come i fondi indicizzati a basso costo e gli ETF.

Spiegare le conseguenze negative di questi errori e come evitarli

Questi errori, se non corretti, possono compromettere seriamente il raggiungimento dell'indipendenza finanziaria e dei propri obiettivi economici.

La mancanza di diversificazione è uno degli errori più gravi che un investitore possa commettere. Concentrando tutti i propri investimenti in un unico asset o settore, si aumenta il rischio di perdite significative in caso di performance negativa di quell'asset. Ad esempio, un crollo improvviso nel settore tecnologico può distruggere un portafoglio interamente composto da azioni tecnologiche. Per evitare questo rischio, è cruciale diversificare gli investimenti su più classi di asset, settori e aree geografiche. Questo riduce l'impatto di una cattiva performance di un singolo investimento sull'intero portafoglio.

Il tentativo di fare market timing, ossia cercare di prevedere i movimenti del mercato per comprare a prezzi bassi e vendere a prezzi alti, è un altro errore comune con conseguenze negative significative. Anche i professionisti del settore trovano difficile prevedere con precisione i movimenti del mercato. Gli investitori che cercano di fare market timing spesso finiscono per comprare a prezzi alti e vendere a prezzi bassi, compromettendo i rendimenti del loro portafoglio. Per evitare questo errore, è meglio adottare una strategia di investimento a lungo termine, basata su un piano di investimento solido e disciplinato, che preveda investimenti regolari indipendentemente dalle fluttuazioni di mercato.

La mancanza di ricerca approfondita è un altro errore che può portare a decisioni di investimento sbagliate. Investire senza una comprensione adeguata dei fondamentali di un'azienda, dei rischi associati e delle prospettive future può portare a perdite significative. Per evitare questo errore, è importante dedicare tempo e risorse a studiare le opportunità di investimento, leggendo report finanziari, analizzando le performance passate e consultando fonti affidabili.

Non avere un piano di investimento chiaro è un altro errore che può portare a decisioni impulsive e incoerenti. Senza un piano dettagliato, è facile farsi influenzare dalle emozioni o dalle mode del momento. Questo può portare a una strategia di investimento disorganizzata e inefficace. Un piano di investimento ben definito, con obiettivi chiari, strategie di allocazione degli asset e criteri di ribilanciamento, aiuta a mantenere la rotta e a prendere decisioni informate e razionali.

Reagire eccessivamente alle fluttuazioni di mercato è un comportamento comune che può avere conseguenze negative a lungo termine. Vendere in risposta a cali di mercato può significare realizzare perdite che avrebbero potuto essere recuperate mantenendo gli investimenti. Per evitare questo errore, è importante mantenere una prospettiva a lungo termine e resistere alla tentazione di prendere decisioni basate sulle emozioni. La storia dimostra che i mercati tendono a recuperare le perdite nel tempo, e mantenere la calma durante le turbolenze può portare a migliori rendimenti a lungo termine.

Sottovalutare i costi associati agli investimenti è un altro errore che può erodere i rendimenti nel tempo. Commissioni di gestione elevate, spese di transazione e tasse possono ridurre significativamente i guadagni netti. Per evitare questo errore, è importante essere consapevoli di tutti i costi associati agli investimenti e cercare soluzioni efficienti dal punto di vista dei costi, come i fondi indicizzati a basso costo e gli ETF.

Fornire esempi concreti di persone che hanno commesso errori e come ne hanno tratto insegnamento

Questi racconti evidenziano l'importanza di una strategia ben pianificata e di un comportamento disciplinato, mostrando come gli errori possano trasformarsi in opportunità di crescita e apprendimento.

Consideriamo il caso di Marco, un giovane professionista che, all'inizio della sua carriera, decise di investire tutti i suoi risparmi in un'unica azione tecnologica molto promettente. Convinto dalle notizie e dai consigli di amici, Marco trascurò di fare una ricerca approfondita sull'azienda e non diversificò il suo portafoglio. Quando l'azienda affrontò un improvviso scandalo finanziario, il valore delle sue azioni crollò, portando a una perdita significativa del suo capitale. Questo evento spinse Marco a riflettere sui suoi errori. Capì l'importanza della diversificazione e dell'analisi approfondita prima di investire. Da quel momento, Marco adottò una strategia di investimento più bilanciata, diversificando i suoi investimenti tra azioni, obbligazioni e fondi comuni. Grazie a questa esperienza, Marco riuscì a recuperare le sue perdite e a costruire un portafoglio più stabile e resiliente.

Un altro esempio è quello di Laura, una donna di mezza età che aveva accumulato un discreto patrimonio e desiderava aumentare i suoi guadagni attraverso il trading attivo. Laura tentò di fare market timing, comprando e vendendo azioni in base a previsioni di mercato e informazioni incomplete. Purtroppo, le sue decisioni spesso si rivelarono sbagliate, portandola a comprare alto e vendere basso. Dopo diversi mesi di perdite, Laura si rese conto che il suo approccio non funzionava. Decise di studiare le basi dell'investimento a lungo termine e si iscrisse a un corso di educazione finanziaria. Grazie a questo corso, Laura imparò l'importanza di una strategia di investimento a lungo termine e di mantenere la disciplina. Sostituì il trading attivo con investimenti in fondi indicizzati e ETF, ottenendo rendimenti più stabili e prevedibili nel tempo.

Consideriamo anche l'esperienza di Roberto, un imprenditore di successo che decise di investire in un progetto di crowdfunding immobiliare senza fare una ricerca adeguata. Attratto dai potenziali alti rendimenti promessi, Roberto investì una somma considerevole in un progetto che, alla fine, si rivelò essere una truffa. Perdere una parte significativa dei suoi risparmi fu un duro colpo, ma Roberto decise di trasformare questa esperienza negativa in un'opportunità di apprendimento. Studiò approfonditamente il settore del crowdfunding immobiliare, imparando a valutare meglio i rischi e a selezionare progetti più affidabili. In seguito, investì in altri progetti con maggiore cautela e con una migliore comprensione delle dinamiche di mercato, riuscendo a recuperare le perdite iniziali e a ottenere rendimenti soddisfacenti.

Questi esempi dimostrano come gli errori possano servire da lezioni importanti per migliorare le competenze e le strategie di investimento. Ogni errore offre l'opportunità di apprendere e crescere, rafforzando la propria capacità di prendere decisioni finanziarie più informate e responsabili.

Offrire consigli pratici per prendere decisioni finanziarie informate e responsabili

Il primo consiglio è educarsi continuamente sulle dinamiche di mercato e sugli strumenti finanziari disponibili. Mantenersi aggiornati sulle notizie economiche, leggere libri di finanza personale e seguire corsi specifici sono modi efficaci per acquisire conoscenze approfondite. Una buona comprensione dei principi fondamentali dell'investimento, delle varie classi di asset e delle strategie di gestione del rischio è fondamentale per prendere decisioni informate. Le risorse educative, come blog finanziari, webinar e workshop, offrono informazioni preziose e aggiornate che possono guidare le scelte di investimento.

Un altro consiglio pratico è stabilire obiettivi finanziari chiari e realistici. Definire cosa si desidera raggiungere, sia a breve che a lungo termine, aiuta a creare un piano strutturato e a mantenere la motivazione. Gli obiettivi devono essere specifici, misurabili, raggiungibili, rilevanti e temporizzati (SMART). Ad esempio, invece di un generico obiettivo di "risparmiare denaro", si potrebbe stabilire l'obiettivo di "risparmiare 500 euro al mese per i prossimi tre anni per creare un fondo di emergenza". Avere obiettivi chiari facilita il monitoraggio dei progressi e l'adattamento delle strategie, se necessario.

È cruciale anche sviluppare un piano di budget dettagliato. Un budget efficace permette di controllare le spese, identificare aree in cui è possibile risparmiare e allocare risorse per il risparmio e gli investimenti. Monitorare regolarmente il proprio budget e fare aggiustamenti in base alle necessità aiuta a mantenere la disciplina finanziaria e a evitare spese impulsive. Utilizzare strumenti di gestione finanziaria, come app di budgeting e fogli di calcolo, può semplificare questo processo e fornire una visione chiara delle finanze personali.

Diversificare il portafoglio di investimenti è un'altra strategia fondamentale per gestire il rischio e massimizzare i rendimenti. La diversificazione implica la distribuzione del capitale tra diverse classi di asset, settori e aree geografiche. Questo approccio riduce l'impatto negativo di una cattiva performance di un singolo investimento sull'intero portafoglio. Investire in azioni, obbligazioni, fondi comuni, ETF e immobili permette di bilanciare il rischio e di beneficiare delle diverse dinamiche di mercato. La diversificazione non elimina il rischio, ma ne riduce l'effetto complessivo, migliorando la stabilità del portafoglio.

È importante mantenere una prospettiva a lungo termine e resistere alla tentazione di fare trading frequente in risposta alle fluttuazioni di mercato. Le decisioni di investimento basate su emozioni e movimenti di mercato a breve termine spesso portano a risultati deludenti. Un approccio a lungo termine, basato su un piano di investimento ben definito, aiuta a mantenere la calma durante le turbolenze di mercato e a sfruttare il potere dell'interesse composto. Rimanere investiti e reinvestire i guadagni può aumentare significativamente il patrimonio nel tempo.

Un altro consiglio pratico è consultare consulenti finanziari indipendenti. Gli esperti possono fornire una valutazione obiettiva delle proprie finanze e suggerire strategie personalizzate basate sugli obiettivi e sul profilo di rischio individuale. L'assistenza di un consulente finanziario può aiutare a evitare errori comuni e a prendere decisioni più informate e ponderate.

Enfatizzare l'importanza di imparare dai propri errori e di non ripetere gli stessi schemi

Ogni errore commesso offre un'opportunità preziosa per apprendere, migliorare e adattare le proprie strategie. Questa capacità di riflettere sulle proprie esperienze e di trarre insegnamenti pratici è una delle competenze più importanti che un investitore possa sviluppare.

Quando si commette un errore finanziario, è essenziale analizzare la situazione in modo obiettivo e capire cosa è andato storto. Questo processo di auto-riflessione richiede onestà e un esame approfondito delle decisioni prese, delle informazioni utilizzate e delle circostanze che hanno portato all'errore. Ad esempio, se un investimento non ha dato i risultati sperati, bisogna chiedersi se la scelta è stata influenzata da emozioni, se sono state fatte ricerche adeguate o se il portafoglio non era sufficientemente diversificato. Identificare i fattori che hanno contribuito all'errore permette di evitare di ripetere gli stessi schemi in futuro.

Imparare dai propri errori implica anche adottare un atteggiamento di crescita e miglioramento continuo. Invece di scoraggiarsi o sentirsi sopraffatti dagli insuccessi, bisogna considerarli come parte del processo di apprendimento. Ogni errore può fornire lezioni preziose che rafforzano la propria capacità di prendere decisioni finanziarie più informate e ponderate. Questo atteggiamento proattivo aiuta a sviluppare una maggiore resilienza e a migliorare le proprie competenze di gestione finanziaria.

Un aspetto fondamentale di questo processo è la documentazione e la revisione periodica delle decisioni di investimento. Tenere un diario finanziario in cui annotare le ragioni dietro ogni decisione di investimento, i risultati ottenuti e le lezioni apprese può essere molto utile. Questa pratica permette di avere una visione chiara delle proprie esperienze e di identificare modelli ricorrenti che potrebbero essere corretti. La revisione periodica di questo diario aiuta a rimanere consapevoli delle proprie abitudini di investimento e a fare aggiustamenti quando necessario.

Inoltre, cercare feedback e consulenza esterna può offrire prospettive nuove e utili. Discutere delle proprie esperienze con un consulente finanziario o partecipare a gruppi di discussione con altri investitori può fornire insights preziosi e suggerimenti pratici per migliorare. Gli errori non devono essere affrontati da soli; spesso, il confronto con altri può aiutare a vedere le cose da un punto di vista diverso e a trovare soluzioni più efficaci.

L'educazione finanziaria è strettamente legata alla capacità di generare rendite passive in modo efficace. Imparare dai propri errori e migliorare continuamente le proprie strategie di investimento contribuisce a costruire una base solida per il successo finanziario. La conoscenza e la consapevolezza finanziaria permettono di prendere decisioni più informate, di gestire i rischi in modo efficace e di massimizzare i rendimenti. Questo approccio consente di costruire flussi di reddito passivo che contribuiscono alla stabilità economica e all'indipendenza finanziaria.

In conclusione, l'educazione finanziaria e la capacità di generare rendite passive sono fondamentali per raggiungere l'indipendenza economica. Imparare dai propri errori, adattare le strategie e continuare a crescere sono passi essenziali per costruire un futuro finanziario solido. Per aiutare i lettori a mettere in pratica questi concetti, il capitolo bonus "Foglio di lavoro per la pianificazione finanziaria" offre uno strumento prezioso per organizzare e monitorare le proprie finanze. Questo foglio di lavoro è progettato per aiutare a definire obiettivi chiari, pianificare investimenti e monitorare i progressi. Utilizzando questo strumento, i lettori possono creare un piano finanziario personalizzato che li guida verso l'indipendenza economica.

Incoraggiando un atteggiamento positivo e proattivo, questo foglio di lavoro invita i lettori a prendere il controllo delle proprie finanze e a lavorare costantemente verso i loro obiettivi. L'indipendenza finanziaria è alla portata di chiunque sia disposto a impegnarsi nell'apprendimento continuo e nella pianificazione strategica. Con determinazione e le giuste risorse, è possibile trasformare la propria vita e raggiungere la libertà economica desiderata.

BONUS: FOGLIO DI LAVORO PER LA PIANIFICAZIONE FINANZIARIA

Benvenuto al capitolo bonus del nostro viaggio verso l'indipendenza finanziaria! Congratulazioni per aver completato la lettura del libro "Educazione Finanziaria: Raggiungi l'Indipendenza Economica con le Rendite Passive". Ora è il momento di mettere in pratica tutto ciò che hai appreso con uno strumento pratico e interattivo: il Foglio di Lavoro per la Pianificazione Finanziaria.

Questo foglio di lavoro è stato progettato per aiutarti a prendere il controllo delle tue finanze e a costruire un percorso chiaro verso i tuoi obiettivi finanziari. La gestione efficace del budget personale è il primo passo fondamentale per creare una base solida su cui costruire il tuo futuro economico. Con questo strumento, avrai la possibilità di monitorare entrate e uscite, calcolare il tuo patrimonio netto, stabilire obiettivi finanziari specifici e seguire il progresso verso questi obiettivi.

Come Utilizzare il Foglio di Lavoro

- **<u>Creare e Gestire un Budget Personale</u>**: Inizia inserendo tutte le tue entrate e spese mensili.

Questo ti aiuterà a capire dove vanno i tuoi soldi e a identificare possibili aree di risparmio. Un budget ben pianificato è essenziale per assicurarti di vivere entro i tuoi mezzi e di destinare una parte dei tuoi guadagni al risparmio e agli investimenti.

- **<u>Calcolare il Tuo Patrimonio Netto</u>**: Il patrimonio netto è un indicatore chiave della tua salute finanziaria. Calcolando la differenza tra le tue attività (ciò che possiedi) e le tue passività (ciò che devi), avrai una chiara visione del tuo stato finanziario attuale. Questo calcolo ti aiuterà a monitorare la crescita del tuo patrimonio nel tempo.

- **<u>Stabilire Obiettivi Finanziari Specifici</u>**: Definisci obiettivi finanziari realistici a breve, medio e lungo termine. Che tu stia risparmiando per un fondo di emergenza, pianificando un grande acquisto o mirando alla pensione anticipata, avere obiettivi chiari ti motiverà e ti guiderà nel tuo percorso.

La Strada Verso l'Indipendenza Economica

Il percorso verso l'indipendenza finanziaria richiede disciplina, pianificazione e un impegno costante. Questo foglio di lavoro è pensato per essere il tuo compagno di viaggio, offrendo una guida strutturata per gestire efficacemente le tue finanze. Utilizzalo come uno strumento per migliorare la tua consapevolezza finanziaria, prendere decisioni più informate e avvicinarti sempre di più alla libertà economica che desideri.

Ricorda, ogni piccolo passo che fai verso una migliore gestione finanziaria rappresenta un grande progresso. Continua a educarti, a riflettere sui tuoi errori e a migliorare le tue strategie. Con determinazione e costanza, raggiungerai i tuoi obiettivi e potrai godere di una vita più serena e soddisfacente.

Inizia oggi a utilizzare il Foglio di Lavoro per la Pianificazione Finanziaria e trasforma il tuo futuro finanziario. Buona fortuna nel tuo viaggio verso l'indipendenza economica!

CREARE E GESTIRE UN BUDGET PERSONALE

ENTRATE MENSILI

- STIPENDIO NETTO: €__________
- ALTRE ENTRATE:€__________
- ENTRATE TOTALI:€__________

SPESE MENSILI

SPESE FISSE

- AFFITTO:€__________
- BOLLETTE:€__________
- ASSICURAZIONI:€__________
- TRASPORTI:€__________
- ALTRE SPESE FISSE:€__________

SPESE VARIABILI

- ALIMENTARI:€__________
- INTRATTENIMENTO:€__________
- USCITE:€__________
- VIAGGI:€__________
- ALTRE SPESE VARIABILI:€__________

RISPARMIO MENSILE

- RISPARMIO PIANIFICATO:€__________
- INVESTIMENTI:€__________
- TOTALE RISPARMI E INVESTIMENTI:€__________

SALDO MENSILE

ENTRATE TOTALI-SPESE TOTALI = SALDO NETTO

€__________

CALCOLARE IL PROPRIO PATRIMONIO NETTO

ATTIVITA'

- CONTI CORRENTI E CONTI DI RISPARMIO:€__
- INVESTIMENTI:€______
- PROPRIETA' IMMOBILIARI: €________
- ALTRI BENI:€________
- TOTALE ATTIVITA':€______

PASSIVITA'

- MUTUO RESIDUO:€______
- CARTA DI CREDITO:€______
- PRESTITI:€______
- ALTRE PASSIVITA':€______
- TOTALE PASSIVITA':€______

PATRIMONIO NETTO

TOTALE ATTIVITA'-TOTALE PASSIVITA': PATRIMONIO NETTO €________

STABILIRE OBIETTIVI FINANZIARI SPECIFICI

OBIETTIVI A BREVE TERMINE (ENTRO 1 ANNO)

OBIETTIVO 1: €________ ENTRO DATA __________

OBIETTIVO 2: €________ ENTRO DATA ________

OBIETTIVI A MEDIO TERMINE (ENTRO 1-5 ANNI)

OBIETTIVO 1: €________ ENTRO DATA __________

OBIETTIVO 2: €________ ENTRO DATA __________

OBIETTIVI A LUNGO TERMINE (OLTRE 5 ANNI)

OBIETTIVO 1: €________ ENTRO DATA __________

OBIETTIVO 2: €________ ENTRO DATA __________

Se pensi questo libro ti sia piaciuto e ti abbia aiutato ti chiedo solo di dedicare pochi secondi a lasciare una breve recensione su Amazon!

<u>Grazie</u>

Giorgio Rossi